AF273645

MORAL FUNDAMENTAL

Iniciación Teológica

AURELIO FERNÁNDEZ

MORAL
FUNDAMENTAL

Iniciación Teológica

Duodécima edición

EDICIONES RIALP
MADRID

© 2015 *by* Aurelio Fernández
© 2024 *by* Ediciones Rialp, S. A., Manuel Uribe 13-15,
28033 Madrid (www.rialp.com)

Primera edición: diciembre 2000
Duodécima edición: julio 2024

Con aprobación eclesiástica del Arzobispado de
Madrid, diciembre de 2000.

ISBN: 978-84-321-6791-1
Depósito legal: M-11035-2024

Impreso en España   *Printed in Spain*

Service Point, S. A., Madrid

SUMARIO

ABREVIATURAS

AA	Apostolicam actuositatem
Cc	Concilio
CEC	Catecismo de la Iglesia Católica
CIC	Código de Derecho Canónico
DC	Deus caritas est
DH	Dignitatis humanae
DS	Denzinger
DV	Dei Verbum
GS	Gaudium et spes
HV	Humanae vitae
LG	Lumen gentium
MM	Mater et magistra
OT	Optatam totius
PH	Persona humana
RP	Reconciliatio et paenitentia
SC	Sacrosanctum concilium
Sum Th	Suma Teológica
VS	Veritatis splendor

INTRODUCCIÓN

La Moral Fundamental es una ciencia filosófico-teológica que, en los últimos años, ha estado sometida a un serio estudio y a una profunda revisión. La razón es que la vida moral ha sufrido en el mismo período una grave crisis, y era preciso salir al paso para conocer su origen y responder adecuadamente a las interrogaciones que suscitaba.

El hecho es que la palabra «crisis» referida a la vida y a la doctrina moral sigue sonando y se repite entre los representantes más cualificados de la cultura de nuestro tiempo: intelectuales, artistas, filósofos, políticos, escritores, etc. reclaman una vuelta a los valores éticos y piden que se fundamente la razón última del actuar moral de la persona.

La llamada a una recuperación de la ciencia ética también aparece en diversos Documentos solemnes del Magisterio. En concreto, la Encíclica *Veritatis splendor* asegura que la ciencia moral está ante una profunda crisis, pues, en el seno de la Iglesia y hasta límites hasta ahora desconocidos, se pone en tela de juicio la concepción cristiana de la vida y la razón última de la Teología Moral:

> «Ha venido a crearse *una nueva situación dentro de la misma comunidad cristiana,* en que se difunden muchas dudas

y objeciones de orden humano y psicológico, social y cultural, religioso e incluso específicamente teológico, sobre las condiciones morales de la Iglesia. Ya no se trata de contestaciones parciales y ocasionales, sino que, partiendo de determinadas concepciones antropológicas y éticas, se pone en tela de juicio, de modo global y sistemático, el patrimonio moral» *(VS,* 4).

Es cierto que en ocasiones no conviene poner excesivo énfasis en la palabra «crisis», dado que puede significar el momento de inflexión de una etapa de la historia en la que una realidad deja de tener vigencia y precisa ser sustituida por otra. Pero esta hipótesis solo en muy pequeña medida se cumple en este caso. En efecto, es cierto que la reforma de la exposición de la Teología Moral era urgente, pues, como enseña el Concilio Vaticano II y otros Documentos posteriores, era preciso que esta disciplina fuese considerada en un marco más teológico y bíblico, en el que se destacase la vida moral como un seguimiento e imitación de la vida de Jesús. Pero es ya una convicción generalizada que, a la pretendida reforma, siguió esa crisis —tanto en la doctrina como en la vida—, que no tiene justificación, pues supera toda medida, al menos hasta el extremo que se la ha conducido.

El final de esta crisis ha llevado a ciertos estudiosos de la Teología Moral a profesar una tesis límite, que no puede ser aceptada por un creyente en la Revelación bíblica. Algunos defienden la teoría de que la vida moral no pertenece al mensaje cristiano, el cual se reduce solo a las creencias, mientras que el comportamiento ético compete al ámbito privado de la conciencia de cada uno, en dependencia de las ideas culturales de cada época. El Papa Juan Pablo II lo formula así:

«Está difundida la opinión que pone en duda el nexo intrínseco e indivisible entre fe y moral, como si solo en relación con la fe se deban decidir la pertenencia a la Iglesia y su unidad interna, mientras que se podría tolerar en el ámbito moral un pluralismo de opiniones y de comportamientos, dejados al juicio de la conciencia subjetiva individual o a la diversidad de condiciones sociales y culturales» *(VS, 4)*.

No obstante, cabría considerar si esta tesis límite no será consecuencia de que una vez más se cumple, inexorablemente, la ley pendular. En efecto, de una época que parecía reducir el cristianismo a un programa moral, se pasa a otro período que trata de negar la dimensión moral de la fe cristiana. Esta postura dialéctica muestra, por sí misma, que ninguna de las dos tesis goza del aval científico. En efecto, la realidad es que el cristianismo, esencialmente, no es una moral, pero no es menos cierto que la fe cristiana integra una moral, de forma que no cabe separar cristianismo y comportamiento ético, pues, como afirma Juan Pablo II: «La fe tiene también un contenido moral: suscita y exige un compromiso coherente de vida; comporta y perfecciona la acogida y la observancia de los mandamientos divinos» *(VS, 89)*.

El resultado es que, si no se ha sabido encuadrar el lugar que la ciencia moral ocupa en la interpretación cristiana del hombre, parece lógico que también los conceptos fundamentales de esta disciplina hayan sido sometidos a una profunda revisión, hasta el punto que no existe un consentimiento entre los autores en relación al significado y alcance de los principios básicos que justifican la vida moral, cuales son la libertad, la conciencia, la norma o ley moral, etc. Y, si los cimientos de esta ciencia han sido removidos, no hay duda que un planteamiento serio de la Ciencia moral debe no solo ser riguroso, sino que también tiene que ser justificado desde el punto de vista de la Filosofía y de la Revelación. Precisamente para responder a este desafío Juan Pablo II ha publicado la Encíclica *Veritatis splendor* en la que se afrontan algunas cuestiones fundamentales de la enseñanza moral de la Iglesia que han sufrido un fuerte menoscabo por parte de algunas tendencias teológicas actuales. Así mismo ha parecido conveniente incluir en el *Catecismo de la Iglesia Católica* una exposición completa y sistemática de la doctrina de la moral cristiana.

Por su parte, el papa Benedicto XVI, al tiempo que denunciaba esas insuficiencias, hacía notar otros ámbitos del quehacer moral que se habían descuidado, por lo que era preciso recuperarlos:

«Resulta muy difícil a la gente la moral que la Iglesia proclama. Sobre esto he reflexionado –de hecho, yo reflexiono sobre ello desde hace mucho tiempo– y veo cada vez con mayor claridad que, en nuestra época, en cierto sentido, la moral se ha dividido en dos partes. No es que la sociedad moderna sencillamente no tenga moral, sino que, por decirlo así, ha "descubierto" y reivindica otra parte de la moral que tal vez no se ha propuesto suficientemente en el anuncio de la Iglesia en los últimos decenios, y también más. Son los grandes temas de la paz, la no violencia, la justicia para todos, la solicitud por los pobres y el respeto de la creación» *(Discurso a los Obispos de Suiza,* 9-XI-2006).

Pues bien, a pesar de la importancia y urgencia de los problemas que plantea la ciencia moral de nuestro tiempo, sin embargo algunos de ellos no ha sido posible desarrollarlos en este breve libro. Aquí atendemos, principalmente, las cuestiones básicas sobre las que se asienta el programa moral cristiano. Si bien —al menos, en simples enunciados— dejamos constancia de la racionalidad de la moral del Nuevo Testamento y del firme fundamento nocional que la sostiene. Y, dado que no es posible desarrollarlos nocionalmente, esta ausencia se ha sustituido por una exposición más detallada de los datos que nos ofrece la Revelación. Al fin y al cabo, el cristiano, como enseñan los clásicos, no asienta su fe «sobre el fundamento de los filósofos, sino sobre la enseñanza de Jesús».

Por ello, este pequeño libro expone, principalmente, la doctrina bíblica acerca del actuar ético del creyente y pretende solo una exposición breve de la Teología Moral para cumplir el objetivo de esta Colección de manuales, la cual se propone exponer «las cuestiones fundamentales de la Ciencia Teológica puestas al alcance del lector de cultura media». El deseo del autor es que ojalá haya conseguido este objetivo.

Capítulo I

NOCIÓN Y NATURALEZA DE LA TEOLOGÍA MORAL

Noción y objeto de la Teología Moral

La ciencia teológica, además de estudiar las verdades cristianas, también se ocupa del modo de comportarse el creyente en Jesucristo, pues el cristiano no solo *cree*, sino que *vive*. La razón última es que, al modo como la ciencia ética es una parcela del saber que acompaña siempre la reflexión del hombre, de modo semejante, cuando el cristiano reflexiona sobre su fe, inmediatamente es reclamado para que piense sobre el modo que debe orientar su vida. De ahí que, desde siempre, la existencia cristiana se considere bajo dos aspectos: las creencias que profesa y la moral que vive. Pues bien, la Moral es la parte de la Teología que estudia las costumbres que debe entrañar la vida de los que creen en Cristo.

«Teología», según la etimología griega *(lógos-Zeoû)*, es «la ciencia acerca de Dios». La Teología es la «ciencia de la Fe» y tiene origen en la fe misma del creyente que quiere entender aquello que cree. De aquí que, desde San Anselmo (siglo XI), se define a la Teología como «la fe que busca una comprensión». Por consiguiente, es la fe misma la que urge al creyente a que explique racionalmente las realidades en las que cree. La Teología es, pues, una ciencia racional, humana, que hace el creyente a partir de los datos que Dios ha revelado acerca de sí mismo y sobre todas las cosas vistas desde Dios. Esta ciencia se denomina, propiamente, *Teología Dogmática*, pues versa sobre las verdades —dogmas— que creemos.

Pero el cristiano no solo cree en ciertas verdades, sino que la fe también le enseña y le impone una conducta moral concreta. Pues bien, la *Teología Moral* es la parte de la Teología que, a partir de la fe, reflexiona sobre cómo y por qué el cristiano debe vivir de un determinado modo, con el fin de alcanzar la bienaventuranza feliz.

El «objeto» de la Teología Moral es la vida entera del hombre, pues la eticidad es propia de la persona y no solo de algunos aspectos de su vida. En consecuencia, la moralidad abarca la totalidad de la existencia del hombre y de la mujer. Y, dado que el hombre es social por naturaleza, la vida moral no afecta solo a la vida personal del individuo, sino también a su actitud en la convivencia humana.

Relación entre la Teología Dogmática y la Teología Moral

Teología Dogmática y Teología Moral forman una sola ciencia. Tomás de Aquino afirmó que la Teología «es átoma»; es decir, que no tiene partes. Y la razón es que el cristianismo es una profunda unidad: a partir de las verdades que Dios ha revelado acerca de su ser y sobre el hombre, éste ha de configurar su vida de acuerdo con esa revelación divina. De ahí que deba aceptar una serie de realidades (cuando son conocidas se convierten en «verdades») y un determinado modo de actuar. En este sentido, la vida del creyente está conforme con lo que cree, y sus creencias se encarnan en la vida.

Sin embargo, por necesidad de atender y diferenciar esos dos aspectos de la existencia humana: *lo que se cree* y *cómo se vive*, lentamente, la ciencia teológica se ha dividido en esos dos grandes tratados: la Dogmática y la Moral.

La Teología Moral está también íntimamente unida a la Teología Espiritual. Hasta hace poco, las dos eran ciencias muy separadas, hasta el punto que daba la impresión de que se dirigían a dos clases distintas de cristianos: La Teología Espiritual tenía a la vista a los más perfectos y la Teología Moral a los que simplemente se contentaban con no pecar. Pero, a partir del Concilio Vaticano II que subrayó la «llamada universal a la santidad» de los bautizados, la Teología Moral demanda a todos los cristianos que orienten su vida a la perfección. En consecuencia, ambas partes de la Teología apenas se diferencian. La Moral enseña que los bautizados han de vivir un estilo de vida de acuerdo con su condición de hijos de Dios, y la Espiritual señala los medios y las etapas que deben seguir para llevar a plenitud esa excelsa vocación de cristianos.

Breve historia de la Teología Moral

Como se ha indicado, la Teología Moral se elaboró como ciencia unida a la Teología Dogmática; pero, lentamente, ambos tratados se han ido separando. Cabe señalar las siguientes etapas o períodos:

1. La predicación de Jesucristo aunaba de continuo las enseñanzas sobre Dios Padre, su forma concreta de relacionarse con el hombre, sus sentimientos hacia la humanidad, etc. y, al mismo tiempo, Jesús enseñaba acerca de la manera de comportarse el hombre con Dios, consigo mismo y con los demás. Así, Jesús hablaba de que era preciso cumplir la voluntad divina, de cómo habíamos de rezar, cómo debíamos amarnos unos a otros... En ocasiones, Jesús indica una serie de malas acciones que el hombre debe evitar y de actos que debe cumplir, etc. *(Mt* 15, 10-20).

2. De acuerdo con la enseñanza de Jesucristo, los demás escritos del NT recuerdan cómo los cristianos deben cumplir «los mandamientos del Señor» *(1 Jn 2, 3)*. Igualmente, los escritores sagrados responden a los cristianos que les hacen preguntas acerca de cómo han de comportarse en tantas situaciones nuevas en las que se encuentran en medio de la sociedad pagana *(1 Cor 12-15)*. De este modo, el mensaje moral cristiano se enriquece deduciendo de la doctrina de Jesús aspectos nuevos para la conducta de los recién bautizados.

3. Este mismo criterio se siguió en los primeros siglos de la Iglesia. Los cristianos se encontraron con situaciones bien distintas de las que observaban los judíos de Palestina en tiempo de Jesús *(Hech 15, 6-33)*. Era preciso saber cómo tenían que actuar en las variadas circunstancias en que vivían; por ejemplo, si debían o no servir en el ejército y hacer la guerra, si estaban obligados a pagar tributo, si debían obedecer a una autoridad pagana que los perseguía, cuál era la condición de los esclavos, cómo debían comportarse los esposos cristianos, etc. etc. Pues bien, los Santos Padres, a partir de las enseñanzas del NT, elaboraron una doctrina que daba respuesta a las distintas circunstancias en que se encontraban los bautizados.

4. De este modo, aparecieron algunos escritos dedicados fundamentalmente a cuestiones morales. Es el caso, por ejemplo, de la *Dídaje* (final siglo I), que utiliza la parábola evangélica de los «dos caminos» *(Mt 7, 13)*, con lo que pretende destacar la importancia de las decisiones morales para nuestra salvación (cfr. *CEC*, 1596). Clemente Alejandrino († 215), que escribió *El Pedagogo*, obra que contiene abundante doctrina moral, pues tiene a la vista al cristiano que vive en medio de una sociedad pagana. Más tarde, San Ambrosio († 397) compone una obra que titula *De officiis*, en la que expone las virtudes que han de vivir los cristianos. Casi por la misma fecha, San Agustín († 430) escribe diversos tratados sobre la vida moral, tales como «Sobre la fe, la esperanza y la caridad», «Sobre la

paciencia», «Acerca de las costumbres en la Iglesia Católica», «Contra la mentira», etc. En el siglo sexto, el Papa San Gregorio Magno († 604) escribió un pequeño tratado de moral bajo el título de *Moralia in Job*, en el que, con ocasión de ensalzar la figura de Job, expone un modelo de vida cristiana.

5. Ya en la alta Edad Media, cuando se elabora la teología científica, Pedro Lombardo († 1160) expone los contenidos de la Teología Moral a lo largo de los diversos tratados teológicos de su obra *Sobre las Sentencias*. Por ejemplo, en el Libro II estudia la libertad y el pecado; en el tratado sobre Jesucristo expone la doctrina sobre las virtudes, etc.

6. Es Tomás de Aquino el primero que estudia de modo sistemático la doctrina moral. Pero lo hace a lo largo de la *Suma Teológica*. Así, en la parte I-II expone la que más tarde se denominará «Moral Fundamental», es decir, los fundamentos de la vida moral. Allí estudia los actos morales, la libertad, las normas o leyes éticas, etc. Después, en la parte II-II desarrolla un extenso tratado de Teología Moral basado en el estudio de las virtudes.

7. En el siglo XVI —la denominada «segunda escolástica», en la que jugaron un papel decisivo las Universidades de Salamanca y Alcalá—, los grandes teólogos de la época comentaron ampliamente la moral de Santo Tomás y se plantearon los nuevos problemas que surgieron con ocasión del descubrimiento de América. Es sentencia común que fue el dominico P. Francisco de Vitoria el fundador del Derecho Internacional, pues, a partir del Evangelio y del derecho natural, señaló con rigor algunos derechos humanos, los derechos y deberes de las autoridades y de los pueblos, etc. Los teólogos de aquella época se ocuparon de los diversos problemas que se plantearon en su tiempo: el comercio, la guerra justa, los derechos de los indios, etc.

8. En el año 1700, el jesuita español Juan Azor edita un manual de Teología Moral dedicado especialmente a ayudar a los sacerdotes a ejercer el sacramento de la Penitencia. Con esta obra se inicia una amplia literatura de manuales de Teología

Moral, entre los que sobresale el patrono de los moralistas, San Alfonso M.ª de Ligorio († 1787).

9. A partir del siglo XIX se inicia una época que algunos califican como decadente, pues la amplísima literatura de Teología Moral no tuvo suficientemente en cuenta la doctrina bíblica, sino que exponía la enseñanza moral a partir de la ley natural, aplicada a los aspectos diversos de la vida. Es la denominada «moral casuística». También es preciso resaltar que estos autores tenían muy en cuenta la importancia de la caridad y destacaron por el estudio de los sacramentos, como parte integrante de esta asignatura.

10. No obstante, desde el comienzo del siglo XX, se demandaba una reforma en el modo de explicar la Teología Moral escolar. Esta tendencia, a pesar de diversos intentos por renovar la exposición de esta disciplina, perduró hasta el Vaticano II. El Concilio hizo una llamada a volver a una moral más bíblica y que orientase la vida cristiana a la santidad. El siguiente texto es repetido de continuo como orientador por los autores modernos:

> «Téngase especial cuidado en renovar la teología moral, cuya exposición científica, nutrida con mayor intensidad por la doctrina de la Sagrada Escritura, deberá mostrar la excelencia de la vocación de los fieles en Cristo y su obligación de producir frutos para la vida del mundo» *(OT, 16).*

Los criterios aquí señalados son los que guían la exposición actual de la Teología Moral, tanto a nivel de investigación como de exposición escolar. A ella se añade la motivación del amor, fuente y raiz del actuar moral de la persona.

Las «fuentes» de la Teología Moral

Cuando se habla de «fuentes» de la Teología Moral se trata de explicar de dónde se deduce la doctrina teológica acerca de la vida moral; es decir, cómo es posible elaborar la enseñanza moral cristiana. Pues bien, las «fuentes» de la Teología Moral son las mismas de la Teología en general. Son las tres siguientes: la Sagrada Escritura, la Tradición y el Magisterio. Las tres están muy unidas entre sí (cfr. *DV*, 10).

Sagrada Escritura

La Teología deduce los criterios éticos, fundamentalmente, de la Biblia. La razón es que la moral cristiana es una moral revelada: es Dios quien determina lo que es «bueno» y lo que es «malo». A este respecto, conviene aclarar que no se trata de una cuestión de simple «ley moral», mediante la cual Dios dirige la conducta humana, sino que, dado que Dios creó al hombre y a la mujer, solo Él sabe lo que es «bueno» y «malo» para ellos. De aquí que lo más decisivo en la moral cristiana no es el imperativo de los Mandamientos, sino la carga educativa que encierran. No obstante, es claro que los Mandamientos son decisivos para la vida moral: a cumplirlos invitó Jesús al joven rico, si quería, en verdad, alcanzar la vida eterna *(Mt* 19, 17).

No obstante, cabría afirmar que las acciones son «buenas» o «malas» no porque Dios lo determina, sino que Dios las impone o las prohíbe porque son «buenas» o «malas» para la persona humana. De este modo, las leyes morales de la Biblia no son ajenas al ser propio del hombre, sino que brotan de su misma naturaleza: el mal deteriora al ser humano, y por eso Dios lo prohíbe; por el contrario, el «bien» le perfecciona y, consecuentemente, Dios se lo propone. De este modo, la Biblia enseña cómo el hombre y la mujer deben vivir de un modo correcto, de forma que su propio ser se perfeccione si realiza el «bien» y, al contrario, se envilece y degrada cuando practica el «mal».

En este sentido, la moral cristiana se entiende como una «respuesta» a esa «llamada» de Dios que le invita a conducirse rectamente de acuerdo con su propio ser personal, tal como ha sido ideado por Dios, que es su Creador y Padre.

La Biblia es la fuente principal de la moral cristiana. Por eso, desde el momento de la creación, con lenguaje simbólico, Dios concedió al hombre y a la mujer un dominio sobre toda la creación, menos que pudiese determinar por sí mismo lo que era «bueno» o «malo». Tal es el símbolo de la prohibición de comer del «árbol de la ciencia del bien y del mal» *(Gen* 2, 17). De ahí que, cuando Israel se constituye como pueblo, Dios les urgió a los israelitas que llevasen una conducta adecuada, según la norma moral de los Diez Mandamientos.

Desde entonces, la conducta ética del creyente —por tratarse de una ley inscrita en su corazón— debe conducirse de acuerdo con lo que determina el Decálogo, el cual tiene un valor permanente. Como enseñó Jesús, Él no vino a «destruir la *Ley,* sino a perfeccionarla» *(Mt* 5, 17). Pero, al mismo tiempo, Jesús enriqueció notablemente la enseñanza moral con otros preceptos y sobre todo con el espíritu de las Bienaventuranzas *(Mt,* 5, 1-12).

En este sentido, se ha de valorar por igual el ejemplo de su vida y la doctrina que Él nos revela. Es decir, que Jesús inauguró un modo nuevo de vivir, de forma que *la imitación de Jesús es la esencia de la vida moral cristiana.* Pero, además de su vida, es preciso tener a la vista el mensaje moral predicado por Él. Por ejemplo, Jesucristo no solo amó a todos los hombres hasta el punto de morir por nosotros, sino que promulgó el mandamiento nuevo del amor *(Jn* 15, 12-17), que incluye el perdón al enemigo *(Mt* 5, 21-26).

A la vida y a la enseñanza moral de Jesucristo es preciso añadir la doctrina de los demás libros del Nuevo Testamento. En efecto, después de la Ascensión y al constituirse las diversas comunidades, surgen problemas nuevos, a los que, como escribimos más arriba, era preciso dar una respuesta moral adecuada. Por ejemplo, los cristianos de las distintas comunidades que proceden del mundo hebreo se cuestionan si deben o no seguir las costumbres morales de los judíos. Este es el motivo de que se convoque el llamado «concilio de Jerusalén *(Hech* 15, 1-33). Asimismo, los cristianos de Corinto piden a San Pablo cómo deben de vivir los cristianos respecto a la comida de las carnes de los animales sacrificadas a los ídolos *(1 Cor* 8, 1-13). De hecho, la segunda parte de la 1 Carta a los Corintios está dedicada a temas morales. Los ejemplos podrían multiplicarse. En resumen, la Biblia es la «fuente» principal de la moral cristiana.

El contenido moral de la Sagrada Escritura ha de interpretarse siempre en unidad con la Tradición y bajo la guía del Magisterio.

Tradición

Otra «fuente» de la moral cristiana es la Tradición, es decir, el modo concreto en que han vivido los cristianos a lo largo de la historia. La Tradición es como la matriz en que se desarrolla la existencia de los creyentes. Gran parte de esta tradición, con el tiempo, se puso por escrito, es lo que se denomina la doctrina moral de los Santos Padres. En efecto, tal como hemos consignado al hablar de la historia de la Teología Moral, los escritores cristianos fueron lentamente explicitando y concretando a las nuevas circunstancias las exigencias éticas del Nuevo Testamento. De ahí la importancia de la historia del cristianismo para la comprensión de la exigencias éticas de la moral cristiana.

El Magisterio

A partir del dato de que el cristianismo es una Revelación, que incluye un conjunto de verdades para creer y un estilo nuevo de vivir, era preciso que existiese una instancia superior que garantizase que esas enseñanzas no se adulteren con el tiempo. Con esta finalidad, Jesucristo eligió a los Doce Apóstoles y, entre las misiones a ellos confiadas, figura la de enseñar a todos sus seguidores a «observar todo lo que yo os he enseñado» *(Mt* 28, 20). Esto explica el hecho de que los fieles, desde los comienzos, acudiesen a los Apóstoles y a sus sucesores los obispos, en busca de una respuesta adecuada acerca de cómo debían entender las normas morales del Nuevo Testamento y cómo debían comportarse ante las nuevas situaciones que surgían en los diversos momentos de la historia. De hecho, la Iglesia profesa desde siempre que el Papa y los Obispos recibieron de Jesucristo el poder de enseñar respecto a los diversos temas de «fe y costumbres».

Estas tres «fuentes» están entrecruzadas en perfecta unidad. Como enseña el Concilio Vaticano II: «La Tradición, la Escritura y el Magisterio de la Iglesia, según el plan prudente de Dios, están unidos y ligados, de modo que ninguno puede subsistir sin los otros, cada uno según su carácter, y bajo la acción del único Espíritu Santo, contribuye eficazmente a la salvación de las almas» *(DV,* 10).

Como es común a la Teología, la Moral requiere el recto uso de la Filosofía, pues no cabe hacer *teología* si la vida cristiana no se propone, no se explica ni se justifica mediante la razón: éste es el tema de la Encíclica *Fides et ratio.* Y es que la Teología Moral es, fundamentalmente, «teología», es decir, es la «ciencia de la fe» que busca comprender cómo ha de ser la conducta del creyente. En consecuencia, se ha de partir del hecho de que «teología» es el sustantivo y que lo «moral» es adjetivo. En una palabra, la Teología es una y cabe desdoblarla en dos partes fundamentales: el Dogma y la Moral.

Además de las tres «fuentes» y de la Filosofía, la Teología Moral necesita para elaborarse científicamente del auxilio de otras ciencias, tales como el Derecho, la Psicología, la Medicina, etc. En general, la Moral recurre a esas otras ciencias que se incluyen en el plural «Ciencias del hombre». Entre ellas, destaca la Antropología. La razón es obvia, pues la ciencia moral depende de la concepción que se tenga del hombre. De ahí, tal como se afirma en los capítulos siguientes, la importancia de una recta Antropología, dado que, si se parte de una concepción no correcta del hombre, la Moral padecerá las mismas insuficiencias e incluso los mismos errores de la Antropología subyacente.

Cabría, pues, concluir con este principio: «Qué tipo de moral se elige, depende de la concepción que se tenga del hombre». Por ello, la grandeza de la moral cristiana se corresponde a esa dignidad excepcional del hombre, tal como ha sido ideado y creado por Dios.

Teología Moral Cristiana y Ética Natural

La reflexión ética acompañó siempre al saber humano. En efecto, al menos desde Sócrates (s. V a. Cristo), la Filosofía se dedicó al estudio de la conducta moral del hombre. Sócrates, en el Diálogo *Critias,* afirma que la Ética es «la ciencia de las ciencias». La razón es obvia: según Sócrates, la decadencia que padecía Grecia en su tiempo provenía de la crisis de la vida moral de los atenienses. Más tarde, Aristóteles escribió que la persona humana se distingue del animal porque conduce su vida moralmente, por eso definió al hombre como un «animal ético» *(Política* 1, 1). El mismo Aristóteles escribió tres Éticas. De ellas, la *Ética a Nicómaco* representa una de las obras cumbres de la literatura ética de todos los tiempos.

Posteriormente, la filosofía estoica desarrolló un programa ético que tuvo vigencia en la cultura greco-romana. Asimismo, la filosofía cristiana abundó en programas éticos que perduran hasta nuestro tiempo. A este respecto, merece citarse la ética de Kant y la filosofía de los valores de Max Scheler.

Ahora bien, entre la Ética Filosófica y la Moral Cristiana existen al menos dos diferencias notables: de método y de fin.

1. En relación al *método,* la Ética Filosófica emplea el método filosófico; es decir, deduce y argumenta a favor de la vida moral solo desde la razón; mientras que la Teología Moral, si bien deduce sus pruebas también desde la razón y hace uso de los elementos de la Ética filosófica, sin embargo asume los valores éticos y argumenta a partir de los datos que le ofrece la Biblia, especialmente la vida y la enseñanza de Jesús.

2. Respecto al *fin* de ambas ciencias, la Ética Filosófica se propone que el hombre, a través de un actuar éticamente correcto, alcance un doble fin: que se perfeccione como persona y sea feliz en su existencia terrena; mientras que la Teología Moral persigue la perfección sobrenatural, pues considera que el cristiano es hijo de Dios por la gracia, por lo que trata de alcanzar la santidad y conseguir no solo la felicidad temporal como la Ética, sino que pretende que alcance la bienaventuranza de la vida eterna.

Pero, tal y como hemos afirmado, la razón última de estas diferencias deriva de la concepción del hombre que tienen la Filosofía y la Teología. En efecto, si la Antropología marca las diversas concepciones éticas que han existido y existen, también la Antropología se deja sentir en la teoría ética elaborada por la Filosofía y por la Teología. Así, mientras la Filosofía se fundamenta en la concepción del hombre como «animal racional» y como «ser social», la Teología entiende la «racionalidad» y la «socialidad» como cualidades humanas que se originan del hecho de que el hombre ha sido creado a «imagen y semejanza de Dios» *(Gen* 1, 26-27). Además, el NT enseña que el bautizado es hijo de Dios y, por el Bautismo, ha recibido una nueva vida, que le configura con el mismo Cristo. De ahí, la altura ética de la Teología Moral frente al recto humanismo que propone la Ética Filosófica.

Es preciso dejar constancia de que, a partir de antropologías insuficientes —pues no logran expresar la verdadera naturaleza del hombre—, algunos autores defienden ciertas teorías éticas que no pueden ni siquiera ser incorporadas a la Ética Filosófica que aquí contemplamos (menos todavía a la Teología Moral).

Es lógico que la ciencia ética carezca de fundamento, si se parte, por ejemplo, de un concepto de hombre que no se distingue del animal. Algunas teorías antropológicas afirman que la diferencia entre al animal y el hombre consiste solo por su riqueza cerebral. Lo mismo cabría afirmar de aquellas corrientes de pensamiento ético que derivan la eticidad humana de las condiciones culturales o sociales de cada época.

La vida de los fieles renacidos en Cristo

Como decíamos, lo específico de la Teología Moral Católica deriva de la concepción cristiana de la persona, según la cual el bautizado ha recibido una nueva vida. La antropología cristiana, que asume todas las realidades que la Filosofía descubre en el ser humano, al mismo tiempo, añade grandes novedades.

En efecto, de la lectura del NT se deduce que el Bautismo ocasiona tales cambios, que se habla del «hombre nuevo» *(Ef* 4, 24), de la «nueva criatura» *(2 Cor* 5, 17), hasta el punto que se afirma que el cristiano ha sido «re-engendrado» *(1 Jn* 5, 1-3), que «ha nacido de nuevo» *(Jn* 3, 1-15), que en él está «la vida de Cristo» *(Fil* 1, 21), que «es hijo de Dios» *(Rom* 8, 14-17), etc.

San Pablo menciona que Cristo se ha «injertado» en el cristiano *(Rom* 6, 5). El término «injerto» indica que la persona de Jesús se ha metido en la vida del bautizado a tales profundidades, que parecen confirmarse las palabras de Jesús «El que me ama está en mí y yo en él» *(Jn* 15, 4). Todas estas expresiones no son simples metáforas, sino que expresan realidades sobrenaturales que la fuerza de Dios produce en el hombre que se bautiza.

Como es lógico, esta nueva riqueza de vida que se origina en el bautizado demanda en él un nuevo modo de comportarse. Los textos bíblicos hablan de que el cristiano «ha sido vestido y revestido de Cristo» *(Rom* 13, 14); que debe tomar la «forma» de Cristo *(Rom* 8, 29); que ha de esforzarse porque «Cristo se configure en él» *(Gál* 4, 19); que «ha de pensar» como Cristo *(1 Cor* 2, 14-16), querer como Cristo *(Ef* 3, 17) y ha de «tener los mismos sentimientos de Cristo Jesús» *(Fil* 2, 3), etc. En una palabra, el cristiano ha de esforzarse, con la ayuda del Espíritu Santo, en «llegar a ser varón perfecto a la medida de la plenitud de Cristo» *(Ef* 4, 13).

A partir de estos textos y de las enseñanzas de Jesucristo se entiende la moral cristiana como «seguimiento, imitación e identificación con Cristo». La Encíclica «Veritatis splendor» enseña: «Seguir a Cristo es el fundamento esencial y original de la moral cristiana... No se trata solamente de escuchar una enseñanza y de cumplir un mandamiento, sino de algo mucho más radical: *adherirse a la persona misma de Jesús* compartir su vida y su destino» *(VS,* 19).

La llamada universal a la santidad

Como consecuencia de esa nueva concepción del hombre, de su dignidad sobrenatural (es decir, por encima de la naturaleza) que le hace ser hijo de Dios, en virtud de la nueva vida-en-Cristo recibida en el Bautismo, es lógico que la conducta moral del cristiano no tenga como límite solamente la vida honrada, ni una existencia correcta desde el punto de vista ético, sino que está obligado a un comportamiento tal, que todas sus acciones le llevan a identificarse con Cristo. Esa identificación le obliga a decir lo que expresaba San Pablo: «No soy yo, sino que es Cristo quien vive en mí» *(Gál* 2, 20).

En otras palabras, si la vida moral es *vivir* de acuerdo con lo que cada uno *es* —la profunda relación entre *ser* y *vida*—, el cristiano debe esforzarse, mediante la ayuda de la gracia y la recepción de los sacramentos, por alcanzar la cima de su *ser*, o sea la perfección. De ahí que la moral cristiana coincida con la santidad. La moral cristiana no es, pues, una ética de mínimos, sino una moral que postula y lleva a la santidad.

En esta línea se sitúa la enseñanza del beato Josemaría Escrivá de Balaguer. Su doctrina está orientada a predicar la llamada universal a la santidad. Se trata de que todos los bautizados, a través del trabajo profesional en la vida diaria, procuren vivir su vocación de hijos de Dios y se identifiquen con Cristo.

Esta doctrina está recogida en los documentos del Concilio Vaticano II, enunciada en este principio general: «Llamada universal a la santidad de todos los cristianos» *(LG*, cap. V; *AA*, 4). Y el Decreto de introducción de la causa de su canonización afirma: «El Beato Josemaría Escrivá de Balaguer, por haber proclamado la vocación a la santidad, desde que fundó el Opus Dei en 1928, ha sido unánimemente reconocido como precursor del Concilio precisamente en lo que constituye el núcleo fundamental de su magisterio, tan fecundo para la vida de la Iglesia» (Roma 10-II-1981, 2).

El Sermón de la Montaña, «carta magna» de la moral evangélica

Tal novedad del mensaje moral del NT se revela de forma solemne en las Bienaventuranzas. En el Sermón de la Montaña, Jesús supera las demandas éticas del AT recogidas y formuladas en los Diez Mandamientos. Estos mantienen su vigencia, tal como expresamente afirmó el Señor *(Mt* 5, 17-18), sin embargo se completan con exigencias éticas muy superiores. De aquí que, por cinco veces en este Sermón, Jesús afirma: »Se dijo a los antiguos, pero yo os digo...».

De este modo, Jesús corrigió, mejorando notablemente, el quinto mandamiento, pues al «no matar», añade como mandato nuevo no «irritarse» ni «insultar» al prójimo *(Mt* 5, 21-26). El sexto mandamiento ya no solo prohíbe la fornicación, sino los pecados internos contra la castidad *(Mt* 5, 27-32). El segundo precepto ya no solo condena el perjurio, sino el juramento sin necesidad *(Mt* 5, 33-37). La vieja «ley del talión» pierde vigencia ética y se manda devolver bien por mal *(Mt* 5, 38-42). Finalmente, el amor al prójimo ya no tiene fronteras, pues se convierte en el mandamiento del amor universal a todos los hombres *(Mt* 5, 43-47). Así, la predicación de Jesús en el Monte concluye con esta máxima: «Sed perfectos como perfecto es vuestro Padre celestial».

En verdad, las Bienaventuranzas perfeccionan y llevan a plenitud la ley antigua de los Diez Mandamientos. Más aún, representan un programa tan elevado, que casi habría que denominarlo como una moral nueva.

Como enseña la Encíclica «Veritatis splendor», el discurso de las Bienaventuranzas «contiene la formulación más amplia y completa de la Ley Nueva, en clara conexión con el Decálogo entregado por Dios a Moisés en el monte Sinaí» *(VS,* 12) y denomina al Sermón de la Montaña como «la *carta magna* de la moral evangélica» *(VS,* 15).

Pero las Bienaventuranzas no son un nuevo código de mandamientos, sino que indican el espíritu de la nueva moral predicada por Jesucristo. Como también afirma la Encíclica *Veritatis splendor*:

> «Las bienaventuranzas no tienen propiamente como objeto unas normas particulares de comportamiento, sino que se refieren a actitudes y disposiciones básicas de la existencia y, por consiguiente, *no coinciden exactamente con los mandamientos.* Por otra parte, *no hay separación o discrepancia* entre las bienaventuranzas y los mandamientos: ambos se refieren al bien, a la vida eterna. El Sermón de la Montaña comienza con el anuncio de las bienaventuranzas, pero hace

también referencia a los mandamientos (cfr. *Mt* 5, 20-48). Además, el sermón muestra la apertura y orientación de los mandamientos con la perspectiva de la perfección que es propia de las bienaventuranzas. Estas son ante todo *promesas* de las que también se derivan, de forma indirecta, *indicaciones normativas* para la vida moral. En su profundidad original son una especie de *autorretrato de Cristo* y, precisamente por esto, son *invitaciones a su seguimiento y a la comunión de vida con Él» (VS,* 16).

En resumen, las Bienaventuranzas representan para el cristiano el verdadero programa moral, no contrapuesto a los Mandamientos, sino que los incluye y los sublima. Pero son aún más: son el modelo de vida al que ha de aspirar el cristiano, puesto que, como debe imitar a Jesucristo, en ellas encuentra el verdadero retrato de la vida de Jesús. En definitiva, las Bienaventuranzas más que un sistema moral, constituyen un verdadero modelo de conducta. Las Bienaventuranzas, como expresa Juan Pablo II, son «actitudes y disposiciones» básicas que ha de tener el cristiano para imitar la vida de Jesús y alcanzar la felicidad incluso en esta vida.

En efecto, el término «bienaventurado» deriva del griego «makários» que significa «felicidad plena» con la «seguridad de alcanzarla» incluso en medio de las dificultades que acompañan a toda vida humana. El papa Benedicto XVI comentaba así este significado:

«Lo mismo que un día en aquel monte de Galilea, también hoy el Señor Jesús sigue adoctrinando a sus discípulos con estas enseñanzas siempre válidas, que constituyen como la *Magna Carta* de una vida cristiana auténtica [...]. Dios nos ha creado para Él y en Él hallamos la felicidad. Conformándonos a su Palabra, nos es posible transformar en fuente de paz y en manantial de gozo incluso las pruebas y sufrimientos que inevitablemente forman parte de nuestra peregrinación y sufrimientos que inevitablemente forman parte de nuestra peregrinación terrena» *(Homilía* 13-I-2009).

Y vistas las consecuencias que se han seguido al negar la referencia a Dios, y ante el hecho de la trasmutación que han experimentado los valores con la consiguiente confusión entre el bien y el mal éticos, el papa Benedicto XVI reclamaba el recurso a Dios, aún de aquellos que no creen:

> «En el tiempo del Iluminismo, los católicos y los protestantes, aunque no compartían la misma fe, pensaban que debían conservar los valores morales comunes, dándoles un fundamento suficiente. Pensaban: debemos hacer que los valores morales sean independientes de las confesiones religiosas, de forma que se mantengan "etsi Deus non daretur" *(aunque Dios no existiese)*. Hoy nos encontramos en una situación opuesta; se ha invertido la situación. Ya no resultan evidentes los valores morales. Solo resultan evidentes si Dios existe. Por eso, he sugerido que los "laicos", los así llamados "laicos", deberían reflexionar si para ellos no vale hoy lo contrario: debemos vivir "quasi Deus daretur" *(como si Dios existiese);* aunque no tengamos la fuerza para creer, debemos vivir basándonos en esa hipótesis. Pues de lo contrario el mundo no funciona» *(Discurso* 27-IV-2006).

Capítulo II

EL FUNDAMENTO DE LA MORALIDAD

En este capítulo se trata de justificar *por qué* la persona humana ha de conducirse éticamente y *cuál* es el fundamento de la moralidad. El tema es importante ya que existen ciertos ámbitos culturales que niegan que el hombre y la mujer deben vivir de un modo ético determinado; más aún, algunos sostienen que los calificativos de «bien» y de «mal» dependen de la valoración social o del *fin* que cada individuo se proponga o de las *circunstancias* en que se actúa o de las *consecuencias* que se siguen, etc. Para superar estas falsas teorías, es preciso ofrecer un fundamento riguroso al actuar de la persona, de modo que las acciones humanas puedan calificarse de buenas o de malas.

Pero esas teorías tienen un origen más remoto: dependen de la concepción que se tenga del hombre y ésta, a su vez, está subordinada a que se admita o no la existencia de Dios. En efecto, la fundamentación última del actuar moral de la persona se relaciona con la Antropología y asimismo las diversas teorías antropológicas derivan de la concepción religiosa. De ahí la necesidad de esclarecer el fundamento religioso de la moral.

Moral y Religión

En primer lugar, es preciso señalar los límites entre Moral y Religión, dado que un planteamiento no riguroso del tema conlleva no pocos equívocos. Pues bien, en la actualidad coexisten dos tendencias: En el campo semántico, unos separan tanto la Ética y la Moral, que reservan la palabra «Ética» para significar la teoría racional (Filosofía), mientras que aplican la palabra «Moral» para la doctrina religiosa (Teología). Y, en el ámbito teórico, mientras para algunos no cabe una Moral que no se fundamente en la religión; otros, por el contrario, niegan el carácter de ciencia a toda Moral de origen religioso. Las variaciones que se dan en esta materia cabe sintetizarlas en los siguientes apartados:

Distinción e identidad entre Ética y Moral

Los términos «Ética» y «Moral» tienen el mismo origen etimológico: «Ética» deriva del griego «éthos» y significa «costumbre», mientras que «Moral» deriva del latín «mos» que también significa «costumbre». Por consiguiente, ambos términos tienen la misma significación semántica.

No obstante, con el tiempo, el término «Ética» designó la ciencia filosófica, mientras que «Moral» se reservaba para las éticas de origen religioso. Pero, en la actualidad, «Ética» y «Moral» vuelven a ser términos sinónimos, si bien los autores no se ponen de acuerdo en cuanto a su contenido, pues algunos reservan la «Ética» para la teoría, la «Moral», por el contrario, sería la ética vivida. Los teólogos y el magisterio actual usan indistintamente ambos términos. Y esta sinonimia la seguimos en este libro, por lo que usamos ambos términos en sentido unívoco.

Relación entre Religión y Moral

Las corrientes más antiguas de la cultura greco-romana, al fundamentar la ciencia ética, lo hacían siempre de un modo racional: la Ética era una parte de la Filosofía y consideraban éticamente «bueno» aquello que era lo «mejor» para el hombre, pues respetaba su naturaleza específica. Pero, al juzgar la conducta del individuo, el *criterio último* de la valoración ética de los actos humanos lo situaban en Dios. Ya Sócrates —a quien se considera el fundador de la Ética en Occidente— afirmaba: «Es bueno lo que resulta grato a los dioses, e impío lo que no les agrada». A partir de esta doctrina, los autores posteriores, al menos hasta Kant, fundaban el actuar último de la ciencia moral en la existencia de Dios.

No obstante, en el siglo XX, al señalar las relaciones existentes entre la Ética y la Religión, los autores no eran concordes, hasta el punto que cabe enumerar tres corrientes filosóficas: 1.ª Ética y Religión no se distinguen, por lo que existe entre ellas una identidad absoluta (H. Cohen). 2.ª Ética y Religión se contraponen y una niega a la otra (N. Hartmann). 3.ª Ética y Religión ni se identifican ni se oponen, sino que entre ambas se dan múltiples puntos de relación (M. Scheler).

Pero en nuestros días la cuestión se ha endurecido. Así, mientras algunos niegan que se pueda fundamentar una moral sin Dios, otros, por el contrario, tratan de elaborar una moral no solo sin Dios, sino que niegan que las morales religiosas tengan fundamento racional alguno.

Entre los primeros se encuentran aquellos que restan valor a los diversos intentos de elaborar una ética racional consensuada que rija la convivencia entre los hombres (G. Biel).

Otros, por el contrario —debido a una actitud beligerante contra el cristianismo—, se oponen a cualquier programa moral de origen religioso, más aún afirman que la concepción religiosa del hombre imposibilita que se elabore una ética con fundamento científico (E. Guisán, J. Sádaba).

Ante estas opiniones tan contrapuestas, se debe afirmar que las dos tesis son falsas: no cabe afirmar que «solo es posible una ética sin Dios», pero tampoco se puede defender que «solo con Dios cabe hablar de ética». Pero se impone reconocer que se alcanza mayor altura moral cuando se fundamenta la vida humana en referencia a Dios.

Posibilidad de una ética no religiosa

En rigor, cabe afirmar que la razón puede justificar una serie de principios éticos que regulen la conducta humana, pues, a partir de la excelencia de la persona, se pueden enunciar algunos principios morales que, si se cumplen, dignifican al hombre y, al contrario, si se conculcan, tal dignidad queda muy seriamente comprometida. De hecho, respecto a la denominada «ética civil», la Conferencia Episcopal Española admite que cabe elaborar una ética de la convivencia a partir de las declaraciones que tratan de regular la vida ciudadana: «Reconocemos que en la Constitución española y en la Declaración Universal de los Derechos Humanos, hay unos valores morales que podrían servir de base ética de la convivencia» *(La verdad os hará libres,* n. 32). Más aún, los obispos españoles reconocen que «existen sistemas morales de la razón rectamente orientada del hombre», que son «propuestos por personas o grupos sociales», con los cuales la moral cristiana no tiene por qué concurrir «competitiva ni antinómicamente» *(Ibidem,* n. 49).

En efecto, cabe elaborar unos principios éticos válidos que se justifican a partir de una concepción racional de la dignidad propia de la persona humana. Tema distinto es si se trata de una Ética científicamente elaborada y si esos principios se pueden justificar ante todos los hombres. Asimismo, es claro que no se debe exigir una ética religiosa a una sociedad que se declara no creyente. En este sentido, la Iglesia no quiere imponer su mensaje moral a los ciudadanos que no se confiesan cristianos. La Iglesia solo puede ofertar su programa moral, si bien ha de hacerlo con la fortaleza que le da la seguridad de que la moral cristiana es, en verdad, la que salvaguarda íntegramente la dignidad de la persona, puesto que no es elaborada por la Jerarquía ni por los teólogos, sino que es la moral revelada por Dios y enseñada por Jesucristo.

Origen religioso de la Moral

A pesar de que es posible proponer un sistema moral racional, no obstante, no es fácil fundamentar una serie de valores universales, válidos para los diversos pueblos, y aún más difícil exigir que todos se sientan obligados a practicarlos (y es cuestionable, si pueden cumplirlos) sin recurrir a Dios, pues, ¿en virtud de qué se han de proclamar unos valores éticos universales sin un fundamento último absoluto, cual es Dios? ¿Qué razones justifican el que se imponga a todos los hombres un determinado tipo de conducta? Es preciso subrayar que este argumento lo tienen presente hoy algunos pensadores muy alejados de la creencia cristiana (Horkheimer, Habermas, Adorno). La única razón válida de una «ética universal» es que se acepte la existencia de Dios, pues, como se afirma, «solo un incondicionado puede obligar incondicionalmente». Es cierto que esta argumentación será negada por quienes no estén dispuestos a aceptar valores morales absolutos. Pero ese sería un diálogo en el campo de la Ética Filosófica y no una cuestión que se pueda debatir en la Teología Moral.

En efecto, el Magisterio ha enseñado siempre que el fundamento último del actuar ético del hombre es preciso situarlo en Dios. Por ejemplo, León XIII argumentaba del siguiente modo:

«La moralidad, por el hecho mismo de tener que armonizar en el hombre tantos derechos y tantos deberes desiguales, puesto que la moralidad es un elemento que entra como componente en todos los actos humanos, implica necesariamente la existencia de Dios, y con la existencia de Dios la de la religión, lazo sagrado cuyo privilegio es unir, con anterioridad a todo otro vínculo moral, al hombre con Dios... Sin la verdad, sin el bien, no hay moral digna de este nombre. ¿Cuál es, por tanto, la verdad principal y esencial, origen de toda verdad? Dios. ¿Y cuál es la bondad suprema, origen de todo bien? Dios. ¿Y quién es, finalmente, el creador y conservador de nuestra razón, de nuestra voluntad y de todo nuestro ser? Dios y solamente Dios» *(Au mileu,* n. 6).

Pío XI rechazó los intentos de separar la moral de la religión, que se iniciaban en la doctrina totalitaria nazi y en el positivismo jurídico de su tiempo, con esta dura advertencia:

«Sobre la fe en Dios, genuina y pura, se funda la moralidad del género humano. Todos los intentos de separar la doctrina del orden moral de la base granítica de la fe, para reconstruirla sobre la arena movediza de las normas humanas, conduce, pronto o tarde, a los individuos y a las naciones a la decadencia moral. El necio que dice en su corazón: «No hay Dios», se encamina a la corrupción moral *(Ps* 13, 1 ss.). Y estos necios que presumen separar la moral de la religión, constituyen hoy legión» *(Mit brennender Sorge,* n. 34).

Y es que, como enseñó Pío XII: «Cuando temerariamente se niega a Dios, todo principio de moralidad queda vacilando y perece, la voz de la naturaleza calla o al menos se debilita paulatinamente» *(Summi pontificatus,* n. 21).

En resumen, esta doctrina es común en la enseñanza del Magisterio, la cual se puede formular en la siguiente tesis de Juan XXIII: «La base de los preceptos morales es Dios. Si se niega la idea de Dios, estos preceptos necesariamente se desintegran por completo» *(MM,* 208).

He aquí un comentario de Aristóteles, filósofo pagano, que alcanzó a ver la importancia de la ética en la persona, frente al actuar instintivo de los animales:

> «(Juzgar) lo que es justo y lo injusto, es propiedad particular del hombre, ya que lo distingue de los demás animales, es el ser el único que tiene la percepción del bien y del mal, de lo justo y lo injusto y de las demás cualidades morales [...] De aquí que, cuando está desprovisto de virtud, el hombre es el menos escrupuloso y el más salvaje de los animales y el peor en el aspecto de la sexualidad y de la gula» *(Ética a Nicómaco* VII, 6, 1150a).

Y en otro lugar, Aristóteles escribe:

> «Los animales no son viciosos ni virtuosos, porque no tienen facultad de elegir ni de razonar. Por eso, ser animal no es tan malo como ser vicioso. En el animal no se da corrupción de la facultad superior, pues carece de ella. Es menos dañina la maldad del que tiene menos capacidad de obrar. Y como la inteligencia confiere al hombre una enorme capacidad de acción, un hombre malo puede hacer mil veces más mal que un animal» *(Política* I,1, 1253a-b).

Es claro que esta doctrina católica no es aceptada por la cultura de la increencia de nuestro tiempo, pero es irrenunciable para una concepción y presentación del mensaje moral cristiano y también para las éticas filosóficas que asuman los presupuestos de la Ley Natural.

El hombre es un ser moral por naturaleza

Conviene resaltar que la moralidad en el hombre procede de su condición de ser racional: el estatuto moral de la persona no le viene de «fuera», sino que tiene origen en su misma naturaleza. La Filosofía defiende la estructura moral del hombre a partir de su condición de ser persona. A este respecto —como se afirmó en el capítulo I—, ya Aristóteles definió al hombre como «un ser ético», y situaba la diferencia entre el hombre y el animal a partir de tres realidades: la *racionalidad*, la *socialidad* y la *eticidad*. Es decir, el hombre es un *animal*, pero se distingue de los demás animales porque *piensa* («el hombre es un animal racional»); porque es *social* («el hombre es un animal político») y porque debe *vivir éticamente* («el hombre es un animal ético»).

Consecuentemente, una diferencia esencial entre el hombre y el animal se sitúa en la moralidad: el animal no tiene ética, el hombre sí. Por ello, dado que el hombre es un ser inteligente y libre, debe orientar sus actos de un modo racional y no guiado por los instintos —como acontece en los animales—, sino con pleno uso de su inteligencia y de su libertad responsable.

Esta primera consideración resta fundamento a ciertas corrientes culturales que afirman que la «eticidad» es algo *impuesto* al hombre por agentes externos (la familia, la sociedad, el Estado, la Religión, etc.), de modo que las normas morales —dado que «vienen de fuera», añaden esos autores— quitan la autonomía que al ser humano, en cuanto ser libre, le compete. Por ello, o bien pretenden negar la ciencia moral ya que, según afirman, es algo extraño (heterónomo) que constriñe al hombre y le quita la libertad o proponen una doctrina ética que hace depender el juicio moral de las *circunstancias* en que se encuentra la persona, del *fin* que el individuo se proponga al actuar, de las *consecuencias* que se derivan de la acción, de las *costumbres* vigentes en cada sociedad o de las *valoraciones sociales* de cada época histórica, etc.

Como es lógico, la Teología Moral niega esos extremos. No obstante, aún reconociendo el valor filosófico de la ciencia ética, añade a esta consideración un dato decisivo: su origen divino. La Teología Moral no niega la fundamentación racional de la Ética Filosófica, sino que le da una explicación última. En efecto, la Revelación enseña que la razón de la eticidad del hombre deriva de que ha sido creado por Dios. Según la narración bíblica, frente al resto de las criaturas, el hombre ocupa un lugar destacado en el cosmos, pues ha sido creado por Dios a «su imagen y semejanza» *(Gen* 1, 27), por lo que su conducta ha de conformarse con su singular naturaleza.

Dios ha creado al hombre de manera que pueda comportarse de un modo moralmente adecuado

El dato primero de la Revelación es que la presencia del hombre sobre la tierra se debe al querer de Dios, por lo que su ser específico marca una diferencia esencial respecto a los demás seres creados: El hombre refleja en su mismo ser la «imagen» de Dios. Esto demanda que su comportamiento no puede ser arbitrario, sino que ha de actuar conforme a su dignidad.

Este dato ha sido consignado también de modo expreso en el Génesis. En efecto, Dios hace al hombre libre y le constituye señor de la creación: puede disponer de todo lo creado, solo se excluye que coma el fruto del «árbol de la ciencia del bien y del mal» *(Gén* 2, 17). Como también consta en el *capítulo 1*, bajo esta imagen arcaica, Dios quiere significar que el hombre no puede determinar lo que es bueno y lo que es malo, sino que el juicio moral está supeditado al querer de Dios.

Esa condición espiritual de la persona, es lo que no solo permite, sino que demanda, que el hombre se relacione con Dios de un modo adecuado. Más aún, a partir de su origen divino, la persona humana debe tender a Dios como fin último de su vida: la «imagen divina» dice relación a Dios a quien se asemeja, pues el Creador ha impreso en el ser mismo del hombre el deseo de tender hacia Él.

Ahora bien, según se acepte o no el hecho de la creación, surgen las distintas corrientes éticas. Y esto debido a dos razones fundamentales: a) Por la diversa concepción que se tenga del hombre (la Antropología). b) Según se acepte o se niegue la existencia de Dios.

En efecto, como es sabido, existe una íntima relación entre *Ética* y *Antropología*, pues la conducta que se proponga y exija el hombre depende del concepto que se tenga de él. Y, a su vez, la concepción del hombre está condicionada a que se admita o no la existencia de Dios e incluso a la idea que se tenga de ese Dios.

De ahí derivan las diversas corrientes éticas —tan distintas entre sí—, y, en consecuencia, que se den ciertas valoraciones morales de los actos humanos muy contrapuestas. Ello explica, por ejemplo, que algunos juzguen el aborto como un crimen, mientras que otros lo consideran como un derecho de la mujer. Lo mismo cabría decir de otras realidades en las que la cultura moderna disiente al emitir un juicio ético.

Además del fundamento religioso de la Teología Moral, para el cristiano hay una nueva razón de su actuar ético a partir de la novedad de ser que le comunica la gracia bautismal. En efecto, el sacramento del Bautismo hace que el cristiano participe de la vida de Cristo. La gracia configura la vida del cristiano de un modo novedoso, de forma que demanda un nuevo tipo de comportamiento: debe actuar al modo como Cristo actuó, pues, en palabras de San Juan, el creyente en Cristo «debe andar como Él anduvo» *(1 Jn 2, 6)*, puesto que, como enseña San Pedro, «Él nos ha dejado un ejemplo, por ello debemos seguir sus pasos» *(1 Ped 2, 21)*.

Otras características de la antropología cristiana

Además de estas dos notas que caracterizan la concepción cristiana del hombre: la «imagen de Dios» y la «vida en Cristo», es preciso resaltar otros datos que concurren en la antropología cristiana. En concreto, los siguientes:

Unidad radical de la persona

En el ser humano confluyen dos elementos, que se distinguen entre sí, pero que no pueden separarse. En efecto, el «cuerpo», como elemento material, se distingue del «alma», que se define como un ser espiritual. Negar la «distinción» es caer en el «monismo antropológico», que, de suyo, acaba en el materialismo, ya que cualquier concepción monista del hombre no puede negar la realidad del cuerpo. Pero la «distinción» no permite hablar de «separación», pues cuerpo-alma constituyen la unidad radical de la persona y cuando se «separan», sobreviene la muerte.

En efecto, el cuerpo es «humano» en cuanto está *informado* por el alma (si le falta el alma no es, propiamente «cuerpo», es un «cadáver», o como se dice en castellano, son «los restos humanos»). A su vez, el espíritu del hombre se denomina «alma» por el hecho de que es un *espíritu encarnado* (el alma separada no es «persona completa», pues le falta el cuerpo). Es decir, entre cuerpo y alma se da una mutua interrelación, hasta el punto de que ambos se coposibilitan mutuamente. Por esta íntima unión, Juan Pablo II, de acuerdo con las ideas antropológicas de nuestro tiempo, explica la íntima relación cuerpo-alma del siguiente modo:

> «Es propio del racionalismo contraponer de modo radical en el hombre el espíritu al cuerpo y el cuerpo al espíritu. En cambio, el hombre es persona en la unidad de cuerpo y espíritu. El cuerpo nunca puede reducirse a pura materia: es un cuerpo "espiritualizado", así como el espíritu está tan profundamente unido al cuerpo que se puede definir como un espíritu "corporizado"» (*Carta a las familias*, n. 19).

Asimismo, el *Catecismo de la Iglesia Católica* propone el estudio del hombre bajo el siguiente título: «Corpore et anima unus»; es decir, el hombre es uno en cuerpo y alma. Y añade:

> «La unidad del alma y del cuerpo es tan profunda que se debe considerar al alma como la "forma" del cuerpo (cfr. Cc. De Vienne, año 1312, DS 902); es decir, gracias al alma espiritual, la materia que integra el cuerpo es un cuerpo humano y viviente; en el hombre, el espíritu y la materia no son dos naturalezas unidas, sino que su unión constituye una única naturaleza» *(CEC,* 365).

Esta doctrina tiene como consecuencia inmediata que, tanto el bien como el mal morales, al ser humanos, se llevan a cabo en la unidad de la persona. Por eso, se ha de evitar cualquier tipo de dualismo al hablar de ciertos pecados, cuales son, por ejemplo, los pecados sexuales, cuando se trata de juzgarlos solamente como «actos físicos», y por ello no «morales», sino «premorales», tal como enseñan algunos autores. Esta es la denuncia que hace Juan Pablo II en la Encíclica *Veritatis splendor:*

> «La persona —incluido el cuerpo— está confiada enteramente a sí misma, y es en la unidad de alma y cuerpo donde ella es el sujeto de sus propios actos morales... Una doctrina que separe el acto moral de las dimensiones corpóreas de su ejercicio es contraria a las enseñanzas de la Sagrada Escritura y de la Tradición» *(VS,* 48-49).

El pecado, introducción del desorden en el orden divino

El hombre y la mujer —Adán y Eva— rompieron con el proyecto inicial de Dios. La antropología cristiana parte del supuesto de que el hombre y la mujer están heridos en lo más íntimo de su naturaleza. La existencia del pecado original, así como los efectos que ocasiona en el ser humano, están definidos como verdades de fe por la Iglesia.

Pues bien, ese desorden causado en la criatura humana por el pecado de origen tiene efectos inmediatos en su conducta moral, pues al dato incuestionable de que la naturaleza, (por el hecho de estar «herida») es proclive al pecado, se añade que el hombre está sometido a la tentación del demonio y a la influencia corrosiva de la vida social que le inducen al mal. Como enseña el *Catecismo de la Iglesia Católica*:

> «La doctrina sobre el pecado original —vinculada a la de la Redención de Cristo— proporciona una mirada de discernimiento lúcido sobre la situación del hombre y de su obrar en el mundo. Por el pecado de los primeros padres, el diablo adquirió un cierto dominio sobre el hombre, aunque éste permanezca libre. El pecado original entraña la "servidumbre bajo el poder del que poseía el imperio de la muerte, es decir, del diablo" (Cc. de Trento: DS 1511; cfr. HB 2, 14). Ignorar que el hombre posee una naturaleza herida, inclinada al mal, da lugar a graves errores en el dominio de la educación, de la política, de la acción social y de las costumbres» *(CEC, 407)*

Como efecto del pecado original, el hombre nace con una triple herida: la ignorancia, que le ocasiona la posibilidad de equivocarse en la vida —de confundir el «bien» con el «mal»—; la concupiscencia, que provoca en él las malas inclinaciones, y la muerte, que le amenaza y mantiene la categoría de castigo.

Benedicto XVI describía la situación del hombre algo así como «envenenado» a causa del pecado original:

> «Si reflexionamos sinceramente sobre nosotros mismos y sobre nuestra historia, debemos decir que con el relato

del Génesis no solo se describe la historia del inicio, sino también la historia de todos los tiempos, y que todos llevamos dentro de nosotros una gota de veneno de ese pensar reflejado en las imágenes del libro del *Génesis*. Esta gota de veneno la llamamos pecado original» *(Homilía 8-XII-2005)*.

El hombre ha sido redimido y elevado por la Redención de Jesucristo

Pero esa condición lastimosa del hombre ha sido en buena parte mejorada por la acción salvadora y redentora de Jesucristo. En efecto, si bien aquella triple herida se mantiene, sin embargo, el bautizado ha sido elevado por la gracia a un nuevo ámbito de existencia, es decir, al orden sobrenatural. Mediante la nueva vida recibida en el Bautismo, el cristiano es hijo de Dios, es ayudado de continuo por la gracia divina y está capacitado para recibir los Sacramentos, los cuales le proporcionan la ayuda necesaria, no solo para vencer las dificultades que le ocasionan los enemigos de esa naturaleza herida (el demonio, el mundo y la carne), sino que también le facilitan que pueda llevar a término la vocación a la que ha sido llamado; es decir, a vivir la vida de Cristo identificándose con Él.

Esta nueva vocación ha sido siempre resaltada por la Iglesia. Así, por ejemplo, el Papa San León Magno enseñó: «La gracia inefable de Cristo nos ha dado bienes mejores que los que nos quitó la envidia del demonio» *(Sermón 73, 4)*. Y Santo Tomás de Aquino escribe:

> «Nada se opone a que la naturaleza humana haya sido destinada a un fin más alto después del pecado. Dios, en efecto, permite que los males se hagan para sacar de ellos un mayor bien. De ahí las palabras de San Pablo: "Donde

abundó el pecado, sobreabundó la gracia" *(Rom* 5, 20). Y el canto del *Exultet:* "¡Oh feliz culpa que mereció tal y tan grande Redentor!"». *(Sum. Th.* III, q.1, a.3, ad 3).

Como enseña el *Catecismo de la Iglesia Católica:* «Tras la caída, el hombre no fue abandonado por Dios. Al contrario, Dios lo llama y le anuncia de modo misterioso la victoria sobre el mal y el levantamiento de su caída» *(CEC,* n. 418). Y, respecto a la vida moral, el *Catecismo* señala la nueva meta a la que el bautizado ha sido llamado: imitar a Cristo, identificando su vida con la de Él, hasta alcanzar aquí la santidad y luego la salvación eterna:

> «El que cree en Cristo es hecho hijo de Dios. Esta adopción filial lo transforma dándole la posibilidad de seguir el ejemplo de Cristo. Le hace capaz de obrar rectamente y de practicar el bien. En unión con su Salvador, el discípulo alcanza la perfección de la caridad, la santidad. La vida moral, madurada en la gracia, culmina en vida eterna, en la gloria del cielo» *(CEC,* 1709).

El hecho de que el bautizado haya sido elevado al orden sobrenatural, permite afirmar que, al recibir la nueva vida en Cristo, se constituya en «hijo de Dios». Esta realidad —como ya queda consignado— añade al programa moral del creyente nuevas y muy altas exigencias de vida moral. En efecto, el cristiano debe desarrollar la nueva vida recibida en el Bautismo.

De ahí nace la originalidad de la moral cristiana como «seguimiento e imitación de Jesucristo»: el creyente en Cristo debe imitarle de modo que se identifique con Él. Y, tal como se señala en el *capítulo I,* el límite de esa «identificación» lo indica el Apóstol San Pablo en la carta a los cristianos de Galacia, cuando enseña que deben vivir de forma que puedan decir: «no soy yo, sino que es Cristo quien vive en mí» *(Gál* 2, 20).

El *pecado de origen* y la *redención* marcan los límites del ser humano: su debilidad y su grandeza. En virtud del pecado original, todo hombre es proclive al mal y al pecado; pero, en razón de la dignidad alcanzada por la redención, es capaz de aspirar a las más altas cotas de la perfección y de la santidad.

Nociones claves de la Moral Fundamental

La ciencia sobre el actuar ético del hombre desarrolla una serie de supuestos que son los que elabora la Teología Moral. Es preciso aclarar que las nociones éticas fundamentales son comunes a la Ética Filosófica y a la Teología Moral, si bien la ciencia teológica aporta algunas novedades cualitativas. Estas nociones son a modo de cuatro columnas sobre las que se asienta la ciencia moral; son las cuatro siguientes: la libertad, la conciencia, la ley moral y las fuentes de la moralidad.

El hecho de la libertad

La vida moral está asentada sobre el dato de que el hombre es un ser libre. Sin la libertad, las acciones humanas serían, ciertamente, «buenas» y «malas» en sí mismas y además podrían originar bienes y males sin cuento tanto al individuo como a la convivencia social, pero perderían la valoración moral; es decir, no serían «morales», pues no se podrían imputar a la persona. En virtud de la libertad, el hombre es sujeto de deberes que debe cumplir y de derechos que puede reclamar. De aquí que, tanto la Ética Filosófica como la Teología Moral se detengan en el estudio de la libertad humana, de su alcance y ejercicio, así como de las causas que pueden limitarla y aun anularla.

La conciencia

El actuar ético del hombre es «medido» y «juzgado» por la conciencia. La conciencia es «el núcleo más secreto y el sagrario del hombre, en el que éste se siente a solas con Dios» *(GS*, n. 16). Ahora bien, la conciencia no es pasiva ante el actuar de la persona, sino que alaba y reprende, aprueba y condena...; es decir, que al modo como la razón elabora juicios teóricos sobre si algo es verdad o error, de modo semejante, la conciencia emite «juicios prácticos» acerca de la bondad o malicia de un acto. El estudio de la conciencia es un capítulo decisivo de la Teología Moral.

La norma moral

El bien y el mal vienen determinados por la norma o ley moral. En efecto, en todas las Éticas se admite que existen unas leyes que orientan al hombre acerca de lo que es bueno o es malo. A este respecto, la Teología Moral tiene en cuenta los múltiples preceptos morales que se contienen en la Biblia: desde el Decálogo hasta el mandamiento nuevo del amor. En consecuencia, el cristiano debe orientar su conducta en orden a cumplir esas normas morales que Dios dictó a la humanidad. Pero, en ocasiones, parece que surgen dificultades al momento de armonizar las exigencias de la libertad y de la conciencia respecto a lo determinado por las leyes morales. De ahí el capítulo tan importante de la Teología Moral de armonizar libertad-conciencia-norma.

Las fuentes de la moralidad

En el actuar concreto del hombre confluyen diversidad de elementos, lo que constituye una dificultad cuando se emite el juicio práctico acerca de la bondad o malicia de un acto. Por ello, la ciencia moral de todos los tiempos ha dispuesto una criteriología que sirve para emitir la valoración moral de las acciones concretas. Pues bien, para juzgar de la bondad o malicia de los actos humanos se ha de tener a la vista, simultáneamente, un triple criterio: la *objetividad* de la acción que se realiza o se omite; el *fin* que persigue el sujeto al actuar y, finalmente, las *condiciones* en las que se lleva a cabo la acción o las *circunstancias* en que se encuentra el sujeto. En concreto, el «objeto», el «fin» y las «circunstancias» se constituyen en «fuentes» de la moralidad de los actos humanos.

En la elaboración racional de estos conceptos básicos, así como en el uso del lenguaje exacto para expresarlos, la Ética Filosófica juega un papel decisivo. Por eso la Teología Moral debe estar en continuo diálogo con la Filosofía.

No obstante, la Revelación presta una ayuda insustituible al tratar de comprenderlos en toda su verdad. De ahí la íntima colaboración entre la fe y la razón al momento de señalar las nociones principales sobre las que se asienta la Moral Fundamental.

Al mismo tiempo, el creyente y también el moralista han de estar atentos al Magisterio de la Iglesia que fija el sentido riguroso de los principios elaborados por la Filosofía y por la Teología, así como en los casos en que señala sus límites e incluso cuando condena los errores que subyacen en algunas teorías.

Conclusión

La fundamentación de la doctrina moral cristiana es de excepcional importancia, porque no solo se denuncian los errores que se encuentran en algunos proyectos éticos de nuestro tiempo, sino que se señala el camino que ha de conducir a cada hombre y a cada mujer al final feliz de la salvación.

Al mismo tiempo, si se llevase a cabo el mensaje moral cristiano, la entera sociedad alcanzaría una situación de justicia y libertad, tal como enseña la Encíclica *Veritatis splendor:*

> «En cualquier campo de la vida personal, familiar, social y política, la moral —que se basa en la verdad y que a través de ella se abre a la auténtica libertad— ofrece un servicio original insustituible y de enorme valor no solo para la persona y para su crecimiento en el bien, sino también para la sociedad y su verdadero desarrollo» *(VS,* 101).

Capítulo III

EL FIN ÚLTIMO DEL HOMBRE

Dar respuesta a la pregunta sobre el origen y el fin de la existencia humana es la cuestión más decisiva de la biografía de cualquier persona: ¿Qué sentido tiene mi vida? ¿Cuál es el fin de mi existencia? ¿De dónde venimos? ¿A dónde vamos? ¿Qué debemos hacer?... son preguntas que se hace todo el mundo y que a nadie pueden dejar indiferente. Pues bien, desde la fundación de la ciencia ética en la cultura griega, se propuso que el fin último de la Ética es la «felicidad»: la persona debe conducirse moralmente porque desea ser feliz, pues, como escribe Aristóteles, a «la felicidad aspiran todos los hombres» *(Ética a Nicómaco* I, 4, 1095a).

Más tarde, San Agustín repite la misma sentencia: «Ciertamente, todos nosotros queremos ser felices, y en el género humano no hay nadie que no dé su asentimiento a esta proposición incluso antes de que sea plenamente enunciada» *(De mor eccl, 1, 3, 4).*

Ahora bien, para la ética cristiana, la «felicidad» perfecta es la salvación, la vida feliz en el Cielo, lo cual constituye el objetivo último de la existencia, pues como aseveró el Señor: «¿Qué le importa al hombre ganar el mundo entero si pierde su alma?» *(Mt* 16, 26).

A este planteamiento obedece también la cuestión del joven rico del Evangelio que preguntó a Jesús acerca de cómo tenía que comportarse «para alcanzar la vida eterna?» *(Mt* 19, 16). De ahí que, el cristiano —sin menospreciar el valor de los bienes terrenos— sabe que la razón última de conducirse rectamente no es para disfrutar de un bienestar temporal, sino para alcanzar la plenitud de su vida en la felicidad eterna.

Dios, fin último del hombre

El Concilio Vaticano I enseña que «el mundo ha sido creado para la gloria de Dios» *(DS,* 3025). Pero la razón de este fin no es «aumentar su gloria», sino para «manifestarla y comunicarla», pues como escribe Santo Tomás: «Dios abrió su mano con la llave del amor y surgieron las criaturas» *(Comen Sent* 2, *prol.).*

Consecuentemente, a partir del hecho de la creación, se evidencia que, si Dios es el *principio* de todas las criaturas, tiene que ser también su *fin último.* Pero, como es lógico, sobre todo Dios es el *fin* de la persona humana, pues, si ésta tiene su origen en Dios como ser racional y libre, es claro que debe tender hacia Él, hasta el punto de constituirlo en el «fin último» de su vida. Y es, precisamente, en Dios, donde el hombre encuentra la verdadera felicidad. Es lo que también experimentó San Agustín cuando escribe: «¿Cómo es, Señor, que yo te busco? Porque al buscarte, Dios mío, busco la vida feliz, haz que te busque para que viva mi alma, porque mi cuerpo vive de mi alma y mi alma vive de ti» *(Confesiones* 10, 20, 29).

Pues bien, dado que la Moral es la ciencia que regula la conducta que le es propia al ser racional en orden a alcanzar una vida feliz, se sigue que la finalidad del actuar moral es Dios: Dios, principio y fin de la existencia, orienta la vida del hombre según su querer, el cual coincide con el bien de la persona. Con esta respuesta, la persona humana sabe de *dónde viene, adónde va, cómo ha de actuar y cómo debe vivir*.

Ese «fin» no se impone al hombre, no es algo ajeno a él, sino que lo demanda su misma naturaleza

Pero es preciso subrayar que el «fin último», al que el hombre debe tender si quiere alcanzar una vida feliz, no es algo ajeno a su ser específico, sino que está escrito en su propia naturaleza. Por ello, la vida feliz como objetivo de la conducta ética coincide con el fin que Dios ha dispuesto para el hombre desde su creación: Dios ha creado al hombre para la felicidad. Lo que sucede es que, trastocado por el pecado de origen, este fin quedó oscurecido, por lo que en ocasiones se equivoca al desear desordenadamente ciertos bienes que le separan de Dios. Pero, si el hombre puede olvidar o rechazar a Dios, Dios no cesa de llamar a todo hombre a buscarle para que viva y encuentre la dicha *(CEC,* 30). Y cuando se perdió por el pecado, Dios dispuso nuestra salvación haciéndonos «partícipes de la naturaleza divina» *(2 Ped* 1, 4). Esta es la razón por la que el Verbo se hizo hombre (cfr. *CEC,* 460).

En efecto, el objetivo de la Encarnación y de la Redención fue restablecer el proyecto original de facilitar al hombre el acceso a Dios, como fin último sobrenatural de su vida. En este sentido, el «fin último sobrenatural del hombre» es tender y orientar la vida entera a Dios, participando de la vida trinitaria, en lo cual encuentra su verdadera y máxima felicidad. Por ello, en ese objetivo final se aúna el querer de Dios y el anhelo del hombre, inscrito por Dios en la naturaleza humana *(CEC,* 27).

En consecuencia, es preciso volver a afirmar que el fin último sobrenatural no es algo impuesto al hombre desde fuera, sino que es plenamente congruente con los deseos de Dios inscritos en su mismo ser. Es decir, que tender a Dios responde a una ley escrita en el corazón mismo del ser humano, de forma que, cuando éste se orienta a Dios, es feliz, y, cuando se desvía de Él, no solo no alcanza la razón de su existencia, sino que malogra su vida.

De lo cual cabe deducir que *origen* y *fin* en el hombre se condicionan mutuamente. Como enseña el *Catecismo de la Iglesia Católica*: «Las dos cuestiones, la del origen y la del fin, son inseparables. Son decisivas para el sentido y la orientación de nuestra vida y nuestro obrar» *(CEC, 282)*.

El hombre debe orientar hacia Dios todas sus acciones

Conviene aclarar que, puesto que la existencia de cada persona ha de desarrollarse en coherente unidad, el «fin último» no es solo la salvación eterna, sino orientar todos sus actos a Dios. De aquí que la vida moral abarque cada una de las acciones singulares que realiza la persona humana. Esta es la enseñanza de la Encíclica *Veritatis splendor*:

> «La vida moral posee un *carácter teleológico* (finalista) esencial, porque consiste en la ordenación deliberada de los actos humanos a Dios, sumo bien y fin (*telos*) último del hombre. Lo testimonia, una vez más, la pregunta del joven a Jesús: «¿Qué de hacer de bueno para conseguir la vida eterna?» *(VS, 73)*.

Pero el Papa aclara que, para que las acciones humanas se puedan orientar a Dios, es preciso que sean en sí mismas buenas: no vale cualquier acto, aunque subjetivamente se quiera orientar a Dios, sino que es preciso que sean actos objetivamente buenos. Y lo son en la medida en que se adecuan a lo preceptuado por los Mandamientos, pues no cabe orientar a Dios algo que es en sí malo. Así se acaba con los subjetivismos morales o con la ética de la «buena intención». Si el hombre quiere conducir su vida rectamente, según el querer de Dios, debe practicar el bien prescrito en la ley moral:

«Esta ordenación al fin último no es una dimensión subjetivista que dependa solo de la intención. Aquella presupone que tales actos sean en sí mismos ordenables a este fin, en cuanto son conformes al auténtico bien moral del hombre, tutelado por los mandamientos. Esto es lo que Jesús mismo recuerda en la respuesta al joven: "Si quieres entrar en la vida, guarda los mandamientos"» *(VS, 73)*.

En resumen, el hombre tiende y alcanza el fin último cuando dirige todos sus actos a Dios. Y la medida de la rectitud moral de esas acciones viene determinada por lo que prescriben los Mandamientos. Por consiguiente, el cumplimiento de lo establecido por las normas morales es el camino para que el hombre adquiera su felicidad aquí y la salvación eterna después del estadio temporal de su vida.

Pero, para alcanzar ese fin último, en alguna ocasión el hombre ha de tomar decisiones que comprometen su vida. Esos compromisos no serán difíciles de llevar a término si se piensa que la felicidad eterna compensa de todas las privaciones que conlleva la elección total por Dios. Así se expresa el *Catecismo de la Iglesia Católica*:

> «La bienaventuranza prometida nos coloca ante opciones morales decisivas. Nos invita a purificar nuestro corazón de sus malvados instintos y a buscar el amor de Dios por encima de todo. Nos enseña que la verdadera dicha no reside ni en la riqueza o el bienestar, ni en la gloria humana o el poder, ni en ninguna obra humana, por útil que sea, como las ciencias, las técnicas y las artes, ni en ninguna criatura, sino solo en Dios, fuente de todo bien y de todo amor» *(CEC,* 1723).

Lo que el mensaje moral cristiano añade es que poner el fin último en Dios no excluye, más aún supone, que el hombre también se proponga otros fines no últimos, sino penúltimos, cuales pueden ser algunos de los enumerados en el texto del *Catecismo* (las ciencias, la técnica, el bienestar material, etc.), pero que no son valores *últimos* ni tampoco *absolutos*, sino *penúltimos* y *relativos*. Pero afirmar que son *penúltimos* y *relativos*, no les resta validez alguna, solo les niega que tengan un valor último y absoluto.

Fin último de toda criatura: La gloria de Dios

La Revelación cristiana muestra en todo momento que Dios mismo es el objeto de esa manifestación divina a la humanidad. Como enseña el Concilio Vaticano II, «quiso Dios, con su bondad y sabiduría, revelarse a Sí mismo y manifestar el misterio de su voluntad (cfr. Eph 1, 9)» *(SC, 2)*. Consiguientemente, el centro del universo no es el hombre, sino Dios. Esta primacía de Dios muestra que el objetivo último del actuar humano es reconocerle y darle gloria, si bien la «añadidura» *(Mt 6, 33)* es la felicidad y la salvación del hombre.

Esta verdad muestra que el «teocentrismo» es una característica de la concepción cristiana de la moral en contraposición a otras corrientes de pensamiento que pretenden situar al hombre como centro del mundo, tal como profesan diversas ideologías antropocéntricas. Reconocer ese papel central de Dios, exige que el hombre lo reconozca dándole la gloria debida.

La «gloria de Dios» es una expresión que se repite en todas las páginas de la Biblia.

El término «gloria» *(doxa*, en griego; *kabod*, en hebreo) significa «peso», en sentido de «dignidad». Por lo que, quien tiene «gloria» goza también de «dignidad» y, en consecuencia, debe ser respetado. Referida a Dios, es un concepto aún más rico: «gloria» señala un atributo divino; es decir, cuando se menciona la «gloria de Dios» se alude a su misma Persona, pero casi siempre en cuanto que Él se manifiesta a los hombres. Así, las apariciones de

Yavéh en el Antiguo Testamento se expresan como presencias de la «gloria de Dios». Por ejemplo, cuando Yavéh se aparece a Moisés, el Éxodo lo manifiesta en estos términos:

> «Y subió Moisés al monte. La nube cubrió el monte. La gloria de Yavéh descansó sobre el monte y la nube lo cubrió por seis días» *(Ex* 24, 15-16).

Con la misma expresión se narra la manifestación de Yavéh en el desierto:

> «Aún estaba hablando Aarón a toda la comunidad de los israelitas, cuando ellos miraron hacia el desierto, y he aquí que la gloria de Yavéh se apareció en forma de nube» *(Ex* 16, 10).

Igualmente, la presencia de Dios en el campamento se describe como la aparición de la gloria de Dios: «La gloria de Yavéh se apareció a los israelitas en el tienda del encuentro» *(Num* 14, 10). Los textos podrían multiplicarse.

El *Catecismo de la Iglesia Católica* sintetiza en estos textos la doctrina bíblica sobre la gloria de Dios y cómo debe reaccionar el hombre cuando alcanza a descubrir la grandeza de Dios en su gloria:

> «Ante la presencia atrayente y misteriosa de Dios, el hombre descubre su pequeñez. Ante la zarza ardiente, Moisés se quita las sandalias y se cubre el rostro (cfr. *Ex* 3, 5-6) delante de la Santidad Divina. Ante la gloria del Dios tres veces santo, Isaías exclama :"¡Ay de mí, que estoy perdido, pues soy un hombre de labios impuros!" *(Is* 6, 5). Ante los signos divinos que Jesús realiza, Pedro exclama: "Aléjate de mí, Señor, que soy un hombre pecador" *(Lc* 5, 8). Pero porque Dios es santo, puede perdonar al hombre que se descubre pecador delante de él: "No ejecutaré el ardor de mi cólera... porque soy Dios, no hombre; en medio de ti y

yo el Santo" *(Os* 11, 9). El apóstol Juan dirá igualmente: "Tranquilizaremos muestra conciencia ante él, en caso de que nos condene nuestra conciencia, pues Dios es mayor que nuestra conciencia y conoce todo" *(1 Jn* 3, 19-20)». *(CEC,* 208).

Pero esa humildad del hombre frente a la grandeza de Dios no «humilla», sino que le eleva, pues descubre su propia dignidad al poder reconocer y experimentar la gloria de Dios.

Respecto a la vida moral, la «gloria de Dios» tiene una importancia decisiva, pues reclama del hombre que reconozca esa «dignidad» con un comportamiento adecuado. En este sentido, la persona humana debe buscar en todo «la gloria de Dios», pues de este modo acepta y respeta esa grandeza divina. Es lo que afirma Jesús cuando demanda de sus discípulos una buena conducta para que «vuestras buenas obras glorifiquen a vuestro Padre que está en los cielos» *(Mt* 5, 16). Y en la Última Cena Jesús reclama la fidelidad de los Apóstoles en los siguientes términos: «Mi Padre es glorificado si dais mucho fruto y sois mis discípulos» *(Jn* 15, 8).

Pero es obvio que señalar la «gloria de Dios» como fin de la vida moral no es una actitud «egoísta» por parte de Dios, puesto que la gloria de Dios repercute también en la gloria humana. Como escribió San Ireneo:

«La gloria de Dios es el hombre viviente; y la vida del hombre es la visión de Dios: si ya la revelación de Dios por la creación procuró la vida a todos los seres que viven en la tierra, cuánto más la manifestación del Padre por el Verbo procurará la vida a los que ven a Dios» *(Adv haer,* 4, 20, 7).

De aquí que el hombre adquiera su «dignidad» cuando reconoce la «dignidad» original de Dios, de la que deriva su propia perfección como persona, creada a «imagen y semejanza» suya.

61

Algunos modos de glorificar a Dios

La vida moral abarca los diversos ámbitos en los que se desenvuelve la existencia del hombre y de la mujer. Indiscutiblemente, ocupa un lugar destacado el comportamiento del ser humano respecto a su propia persona, lo que se lleva a término mediante el ejercicio de algunas virtudes, tales como la templanza o el cuidado de su salud.

Además, la vida moral contempla también las relaciones que brotan de la convivencia social con los demás: es el capítulo, tan importante, de la moral económica y política. Asimismo, el programa moral abarca el rico campo del amor, en el que confluye la dimensión sexuada del ser humano y especialmente el matrimonio y la familia.

Pero la vida moral no sería plena si, junto a esos capítulos tan decisivos de la existencia humana, no se consideran convenientemente las relaciones del hombre con Dios.

Es preciso notar cómo la Teología Moral clásica exponía este importante tema moral de las relaciones del hombre con Dios. Correspondía al desarrollo de los contenidos éticos de los tres primeros mandamientos del Decálogo (en el caso de que se eligiese el esquema académico de los Diez Mandamientos). Y, si el esquema de esta disciplina se articulase sobre las virtudes, el comportamiento del hombre con Dios se desarrollaba en el estudio de las virtudes teologales.

Ahora bien, cuando se abandonan estos dos modelos de estructurar académicamente la Teología Moral, no pocos autores modernos olvidaron el estudio de la actitud moral del hombre con Dios. Es evidente que esa ausencia no tiene justificación alguna, más aún debe ser corregida. Por ello, es preciso retornar a que los nuevos manuales desarrollen convenientemente de qué modo la persona humana cumple sus obligaciones morales con Dios. Los deberes morales del hombre con su Creador se pueden estructurar del siguiente modo:

Primero: De modo positivo, el hombre ha de rendir culto a Dios, lo que se lleva a cabo por el ejercicio de la virtud de la religión, que incluye cuatro actos fundamentales: adoración, acción de gracias, desagravio y oración de petición. El culto máximo se lleva a cabo por la acción litúrgica, cuyo culmen es la Eucaristía, en la que de modo eminente se cumple esa virtud. También se enumeran como actos propios de la virtud de la religión, entre otros, el voto y el juramento.

Segundo: La Moral contempla asimismo los actos negativos —*pecados*— que el cristiano puede cometer en el caso en que no cumpla ese deber moral. Entre los pecados más graves —además del ateísmo, el agnosticismo y la indiferencia religiosa—, cabe citar la blasfemia, el sacrilegio o profanación de las cosas sagradas, el uso indebido del nombre de Dios —propio de la idolatría y de las diversas supersticiones—, así como el uso irregular del juramento o el incumplimiento de los votos, libremente asumidos. El estudio de todos estos temas constituye objeto de la *Teología Moral Especial*.

Características del fin sobrenatural

El fin último sobrenatural, al que el hombre está destinado, tiene las siguientes características:

Primero: Es preciso afirmar que a ese «fin sobrenatural» solo puede aspirar y logra alcanzarlo el bautizado (también cuando se trata del «bautismo de deseo»), pues la gracia divina eleva sobrenaturalmente al hombre, por lo que su vida demanda que se realice como tal en un ámbito también sobrenatural.

Segundo: En su calidad de «fin sobrenatural» supera las fuerzas humanas, por lo que, alcanzarlo, está condicionado al empleo de medios sobrenaturales. Aquí surge la necesidad de la oración y de la práctica de los Sacramentos, pues, si la nueva dignidad del hombre brota del sacramento del Bautismo, se sigue que la plenitud de la vida cristiana se alcanza solo con la ayuda de la gracia que comunican los Sacramentos. En este contexto, se explica la doctrina de algunos moralistas que hablan del «principio sacramental» de la Teología Moral católica.

Tercero: Finalmente, el «fin sobrenatural» que se le asigna al hombre, permite que el bautizado se pueda comunicar con Dios; más aún, que participe de la vida Trinitaria. El *Catecismo de la Iglesia Católica* expresa esta verdad en los siguientes términos:

> «El fin último de toda la economía divina es la entrada de las criaturas en la unidad perfecta de la Bienaventurada Trinidad (cfr. *Jn* 17, 21-23). Pero desde ahora somos llamados a ser habitados por la Santísima Trinidad: "Si alguno me ama —dice el Señor— guardará mi Palabra, y mi Padre le amará, y vendremos a él, y haremos morada en él" (*Jn* 14, 23)» (*CEC*, 260).

Llegados a estos límites, no cabe más que admirar la alta vocación a la que es llamado el hombre y, al mismo tiempo, se ha de resaltar la grandeza de la vida moral del cristiano que le permite alcanzar tales metas.

El último fin debe ejercer un influjo real en el actuar humano

La influencia que ejerce la consideración del «último fin» sobre el actuar humano es considerable. Cabría fijar las siguientes novedades:

1. La consideración del «fin último» sirve de criterio para medir la moralidad de cada uno de los actos singulares del actuar humano: serán acciones moralmente buenas aquellas que garantizan la consecución del fin último. Por el contrario, recibirán un

juicio éticamente negativo todos los actos que se separan de este fin. Si lo niegan o lo contradicen serán en sí mismos malos, si solo lo distancian, se considerarían como imperfectos.

2. Cuando el hombre constituye como fin último de su vida el «dar gloria a Dios», todas sus acciones adquieren un carácter nuevo. En primer lugar, elimina de su vida aquellas acciones que le alejan de Dios. Es el caso de los actos que son en sí mismos malos, como puede ser la blasfemia y, en general, los que se oponen a lo que preceptúan los Diez Mandamientos. Asimismo, debe rechazar otras acciones que en sí no son malas, pero que le alejan del ideal de orientar a Dios su vida entera. Es el caso, por ejemplo, de los pecados veniales. Finalmente, las obras en sí buenas, como la ayuda al prójimo, el ejercicio de la justicia, etc., reciben una nueva tonalidad, dado que no solo se purifican de algunas imperfecciones inherentes a todo actuar humano, sino que las engrandece el amor a Dios con que se llevan a término.

3. Otra ventaja de la consideración del «fin último» como norma del actuar moral, es que da lugar a una moral de altos valores éticos. En efecto, si se pone a Dios como fin de la existencia, se propone una escala de valores bien distinta de la que tiene como ideal ético un proyecto de honradez humana. Es evidente que esa jerarquía de valores aún es más dispar cuando el proyecto moral que se vive ni siquiera respeta la dignidad del hombre, sino que entra en veredas que llevan a una vida más o menos disoluta.

4. Pero la mayor utilidad que se sigue es que, si la totalidad de la existencia se orienta para la gloria de Dios, la vida moral no se reduce a intentar conseguir un proyecto puramente humano, de superación de las dificultades inherentes a la existencia común de los hombres, sino que se pone como arquetipo de existencia llevar a término un proyecto de vida global, según el querer de Dios. Entre este proyecto ético y el que se propone, por ejemplo, la «ética civil de mínimos» existe una diferencia abismal. En este segundo caso, además del corto horizonte en que se mueve todo programa laicista, se corre el riesgo de no

lograrlo nunca, puesto que la fragilidad es una característica de la existencia humana. En el primer caso, por el contrario, además de proyectar para la vida un ideal más elevado, cuenta con la gracia de Dios para alcanzarlo y es seguro que quien se lo propone nunca se sentirá fracasado.

Este es el resultado dispar y de consecuencias tan divergentes que se siguen al situarse el hombre a sí mismo como fin de su vida o, por el contrario, de proponerse como objetivo vital a Dios y su gloria. Y lo más grave es que, al final de la existencia, el hombre puede encontrarse con el fracaso más rotundo o con la felicidad que supera toda medida *(Mt* 25, 31-46).

Es claro que en la propuesta del fin último del actuar humano no solo se ventila la felicidad en esta vida, sino el destino eterno.

Algunos errores actuales sobre el último fin

Las insuficiencias y los errores de algunas corrientes éticas de nuestro tiempo, en especial las más alejadas de la interpretación cristiana de la vida moral, cabe reducirlas a dos grandes grupos: el antropocentrismo y el materialismo.

Antropocentrismo

Como indica su mismo nombre, profesan el «antropocentrismo ético» solo los autores que niegan que el hombre tenga un fin trascendente o que expresamente niegan a Dios. En ningún caso se ha de calificar como «antropocentrismo» a la Ética Filosófica en cuanto tal. Pues, a pesar de que los grandes éticos —desde su origen— reclamaban para fundamentar la ciencia Ética el recurso a Dios, sin embargo, cabe que los que no recurren de modo expreso a Él, mantengan la tesis de que la razón justifica el actuar ético del hombre a partir solo de la naturaleza propia del ser racional. Es cierto que, cuando se busca la razón última, se requiere el supuesto de un absoluto también último, al cual se recurra para elaborar una ética de valores universales y vinculantes. No obstante, puede haber sistemas éticos que ofrezcan un actuar coherente con la naturaleza específica del ser humano, a los que no quepa adjetivar de «antropocentrismos». Este calificativo se debe aplicar a otros grupos: en conjunto, a aquellos sistemas morales que se asientan sobre antropologías insuficientes. Cabe mencionar los siguientes:

—En primer lugar se deben mencionar aquellos autores que profesan una «moral sin Dios». Más aún, a quienes niegan que sea posible elaborar una moral digna del hombre si se reconoce la existencia de Dios. El tema viene de lejos. Quizás cabría recoger la doctrina de los existencialistas ateos, con Sartre a la cabeza. Pero en la actualidad y en lengua española, se deben citar, entre los más beligerantes, a E. Guisán y J. Sádaba.

—Asimismo, se incluyen en este grupo aquellos autores que reducen el hombre a pura biología. Son los que engrosan la corriente del «sociobiologismo». El autor más conocido es E. O. Wilson. Según este autor, «el origen de la conducta moral se sitúa en los genes».

—También los sistemas éticos que hacen derivar la moralidad de las costumbres sociales de cada época, los cuales tratan de formular unos principios éticos que favorezcan la convivencia. Entre estos sistemas cabe enumerar algunos autores —no todos— que proponen la «ética civil»: el bien y el mal lo determina la mayoría democrática del voto. En consecuencia, niegan que pueda elaborarse una ética fundada en la ley natural. No pocos filósofos suscribirían esa tesis, por ejemplo, F. Savater.

—Finalmente, pueden integrarse en este grupo aquellos autores que niegan un «sujeto ético»; es decir, quienes afirman que el hombre no tiene en sí mismo una entidad que le permita realizar actos verdaderamente responsables, de los cuales pueda salir fiador. Es el caso, entre otros, del psiquiatra C. Castilla del Pino.

Materialismo

En ese apartado cabe catalogar diversas corrientes y autores que, no pocas veces, coinciden con los enumerados en el apartado anterior. Por ejemplo:

—Quienes reducen el hombre a pura materia. En este grupo caben los distintos tipos de materialismo, desde el «materialismo dialéctico», hasta el defensor del «azar», como es J. Monod y los negadores de la libertad, cual es el caso de B. F. Skinner.

—Las corrientes antropológicas que niegan una diferencia esencial entre el hombre y el animal. Casi todos se adscriben a las corrientes «fisicalistas» y «emergentistas». Cabría mencionar en este grupo a M. Bunge, Mosterin, L. Ruiz de Gopegui, P. Singer, etc.

Como es lógico, en esas corrientes éticas y los autores que se adscriben a ellas, al borrar a Dios del horizonte ético, el «fin último» de la vida moral se reduce al bienestar personal, o a lo sumo, a lograr una convivencia pacífica en el ámbito social. Cuando a algunos de estos autores se les demanda un criterio para valorar el bien y el mal sociales, no pocos responderían: Es bueno o malo, desde el punto de vista ético, aquello que está bien o mal visto en la sociedad de los hombres. En muchos casos es la reducción de la «ética» a la «estética».

Conclusión

Si se comparan las propuestas de la Ética Filosófica de algunos autores modernos con el programa que ofrece la Moral Católica, se constata que la diferencia entre ambos proyectos es abismal. Al menos difieren en tres aspectos fundamentales y decisivos:

1. *En el fundamento.* Cuando la moral se asienta en Dios difiere esencialmente de las éticas que son a ajenas a la trascendencia. En efecto, si en el horizonte de la reflexión moral Dios está ausente, no es fácil fundamentar una moral vinculante y válida para todos los hombres. Pues bien, en el cristianismo Dios no solo se presenta como fundamento, sino como fin último del actuar humano.

2. *En la densidad de valores éticos que ofrecen.* Frente a la altura de la moral cristiana, que es vivir el espíritu de las Bienaventuranzas, identificarse con Cristo y que tiende a alcanzar la salvación eterna, las éticas civiles apuntan, ciertamente, a la «felicidad», pero, como ya enseñó Aristóteles, los autores no convienen en el objetivo en el cual consiste ser feliz.

3. *En la racionalidad con que se presentan.* En efecto, mientras la moral católica, cuando se expone con rigor, justifica racionalmente el mensaje moral del N.T., por el contrario, algunos sistemas éticos profesan deliberadamente una «ética de mínimos» y están llenos de incoherencia, de modo que tienen vigencia social en ciertos ambientes culturales de nuestro tiempo solo porque son propuestos por ideologías que se muestran beligerantes con la ética cristiana, pero en sí mismos carecen de una racionalidad lógica.

El papa Benedicto XVI, al tiempo que denunciaba esas insuficiencias de las morales laicas, destacaba en estos términos la grandeza de la moral cristiana:

«El impulso primordial del hombre es su deseo de felicidad y de una vida plenamente realizada. Sin embargo, hoy son muchos los que piensan que dicha realización debe alcanzarse de manera absolutamente autónoma, sin ninguna referencia a Dios y a su ley. Algunos han llegado a teorizar una soberanía absoluta de la razón y de la libertad en el ámbito de las normas morales: esas normas constituirían el ámbito de una ética solamente "humana", es decir, sería la expresión de una ley que el hombre se da autónomamente a sí mismo. Los promotores de esta "moral laica" afirman que el hombre, como ser racional, no solo *puede* sino que incluso *debe* decidir libremente el valor de sus comportamientos. Esta convicción equivocada se basa en un presunto conflicto entre libertad humana y cualquier forma de ley. En realidad, el Creador, porque somos criaturas, ha inscrito en nuestro mismo ser la "ley natural", reflejo de su idea creadora en nuestro corazón, como brújula y medida de interior de nuestra vida. Precisamente por eso la vocación y la plena realización del hombre no consisten en el rechazo de la ley de Dios, sino en la vida según la ley nueva, que consiste en la gracia del Espíritu Santo [...]. Y precisamente en esa acogida de la caridad que viene de Dios, la libertad del hombre encuentra su realización más elevada» *(Discurso* 27-IV-2006).

Capítulo IV
LA LIBERTAD HUMANA

La razón de que al hombre se le exija un comportamiento moral es que es un animal racional y libre. En virtud de la libertad, la persona sale fiadora de sus actos y se le exige responsabilidad de los mismos. Si el agente no es libre, sus acciones no son buenas ni malas desde el punto de vista ético, dado que las realiza no por una decisión personal libremente asumida, sino que se mueve por su interés, según las circunstancias y caprichos o debido a que desconoce la bondad o malicia de lo que pretende llevar a cabo, como se estudiará en el próximo capítulo al considerar los criterios que permiten juzgar que un acto no es humano. Por ello, la libertad es la condición primera del actuar ético: incluso el acto físicamente malo, cual es, por ejemplo, la muerte de una persona inocente —el homicidio—, perdería el calificativo de «moral», si no es ejecutado mediante un acto libre del agente.

Existencia de la libertad

La ciencia moral se encuentra hoy con una objeción añadida, pues junto a las dificultades normales para justificar el «bien» y el «mal» moral, así como explicar el papel que en su ejecución juega la libertad, tiene que salir al paso de errores modernos que la niegan o tienen un concepto erróneo de la libertad.

Ciertamente es paradójico que esta negación tenga lugar en nuestro tiempo, pues ninguna época histórica se ha distinguido tanto como la actual en proclamar la libertad del individuo y las libertades formales de los pueblos.

En efecto, en las múltiples Declaraciones de derechos, nacionales o internacionales, en las Constituciones de las naciones democráticas, en los distintos programas políticos y en los diversos códigos deontológicos, siempre se destaca la proclamación de la libertad personal y se reconocen las libertades reales de los individuos y de los grupos sociales: nunca como hoy la defensa de la libertad tuvo tanta capacidad de aunar la voluntad de los ciudadanos. Y, sin embargo, en paralelo a esta demanda, circulan algunas corrientes populares e incluso intelectuales que niegan la libertad. Este hecho lo menciona la Encíclica *Veritatis splendor* en los siguientes términos:

«*Paralelamente* a la exaltación de la libertad, y paradójicamente en contraste con ella, *la cultura moderna pone radicalmente en duda esta misma libertad.* Un conjunto de disciplinas, agrupadas bajo el nombre de "ciencias humanas", han llamado justamente la atención sobre los condicionamientos de orden psicológico y social que pesan sobre el ejercicio de la libertad humana. El conocimiento de tales condicionamientos y la atención que se les presta son avances importantes que han encontrado aplicación en diversos ámbitos de la existencia, como, por ejemplo, en la pedagogía o en la administración de la justicia. Pero algunos de ellos, superando las conclusiones que se pueden sacar legítimamente de estas observaciones, han llegado a poner en duda o incluso negar la realidad misma de la libertad humana» *(VS, 33)*.

Un paradigma de esta actitud es el filósofo —que tan pernicioso influjo ejerce en la pedagogía— B. F. Skinner. Baste citar este testimonio que repite en sus escritos:

«Niego rotundamente que exista la libertad. Debo negarla, pues de lo contrario mi programa sería totalmente absurdo. No puede existir una ciencia que se ocupa de algo que varíe caprichosamente. Es posible que nunca podamos demostrar que el hombre no es libre; es una suposición. Pero el éxito creciente de una ciencia de la conducta lo hace cada vez más plausible».

Es evidente que aquí se pretende «razonar» el absurdo: primero se inventa una teoría y, dado que en ella no cabe la libertad, se la niega. Lo lógico sería revisar la propia doctrina, pues tiene todos los visos de ser falsa, dado que no integra una dimensión esencial del ser humano.

En efecto, la existencia de la libertad es un dato incuestionable: yo puedo optar por seguir escribiendo o por jugar al tenis, incluso en el caso de que nunca haya tomado en la mano una raqueta. Pero mi capacidad de decisión es tal, que puedo decidirme a recibir lecciones de este deporte e incluso dedicarme a él, venciendo mi ignorancia y el poco deseo que tengo de practicarlo. Los ejemplos podrían multiplicarse. Negar la libertad, cuando la vida está llena de acciones deliberadas y de decisiones libres, cuando se reclama su ejercicio y se protesta en el caso en que no se respete o se abuse de ella, no tiene sentido.

Lo que sí cabe afirmar es que la *libertad humana es limitada* y que las capacidades de optar son restringidas (de ello, nos ocupamos más abajo), pero rehusarla, es negar la evidencia. Sin embargo, no solo este autor, sino que también otros se alistan en esa curiosa teoría, a pesar de que luego se asocien para defenderla en la convivencia ciudadana. Pero, ¿qué sentido tiene proclamarla y defenderla, si no existe? La razón puede ser que ellos no se sientan libres, porque no son capaces de ejercerla o porque la han perdido: es un hecho constatado que sabe más de la libertad el que la experimenta y vive, que el profesor de metafísica cuando trata nocionalmente de probarla o pretende razonar y, al contrario, negar la condición libre del ser humano.

Para un cristiano, la existencia de la libertad no solo es un dato de la experiencia más íntima de su vida, sino que la asiente avalada por la doctrina bíblica. Ya en el Deuteronomio, Dios advierte al hombre que puede elegir el tipo de vida que quiera:

> «Yo pongo delante de ti la vida y la muerte, la bendición y la maldición; elige la vida y vivirás» *(Dt* 30, 19).

Más tarde, los libros Sapienciales enseñan que el bien y el mal son fruto del actuar libre del hombre. Por ello le sitúan ante el riesgo de no usar inteligentemente su libertad:

> «Dios hizo al hombre al principio y lo dejó en manos de su albedrío, si tu quieres puedes guardar sus mandamientos, y es de sabios hacer su voluntad. Ante ti puso el fuego y el agua; a lo que tu quieras tenderás la mano. Ante el hombre está la vida y la muerte: lo que cada uno quiera le será dado» *(Eccl* 15, 14-18).

Y, debido a las quejas que el mal ha ocasionado al hombre por su mala conducta, Dios le recuerda que en sus manos está hacer el bien y evitar el mal:

> «No digas, fue Dios quien me empujó al pecado, porque lo que Él detesta no lo hace... Si tu quieres guardar los mandamientos y permanecer fiel está en tu mano» *(Eccl* 15, 12-13).

El mismo libro del Eclesiástico hace el elogio del hombre que «pudo pecar y no pecó, hacer el mal y no lo hizo» *(Eccl* 31, 10).

El Nuevo Testamento confirma que la «historia de la salvación» es precisamente la biografía de la libertad de los hombres que no se acomodaron al querer de Dios. Por eso entenderá la redención alcanzada por Cristo en términos de «liberación»: Cristo liberará al mundo del pecado. Por su parte, San Pablo alienta a los cristianos a que se mantengan en la libertad «que Cristo nos ha dado» y que se abstengan de hacer el mal, si no quieren volver a la esclavitud:

> «Cristo nos hizo libres para que gocemos de la libertad; manteneos, pues firmes y no os dejéis sujetar al yugo de la servidumbre» *(Gál* 5, 1).

En sentido bíblico, la verdadera libertad se da cuando el hombre se decide por vivir la vida del espíritu y no se deja conducir por los vicios de la carne. San Pablo asienta este sabio principio: «Donde está el Espíritu está la libertad» *(2 Cor* 3, 17).

Finalmente, ante los errores de algunas herejías, especialmente de la doctrina de Lutero, el Concilio de Trento definió la libertad como condición del ser humano, a pesar de los males que en ella ocasionó el pecado de origen:

> «Si alguno dijere que el libre albedrío del hombre se perdió y extinguió después del pecado de Adán, o que es cosa de solo título sin cosa, pura invención introducida por Satanás en la Iglesia, sea anatema» *(DS,* 1555).

Sentido y definición de la libertad

Frente a los demás seres, el hombre se distingue por la racionalidad y la capacidad de obrar libremente. Aquí se origina una diferencia radical entre el hombre y el resto de las realidades creadas. En efecto, los seres inorgánicos se rigen matemáticamente por las leyes que guían la materia. En concreto, la ley de la gravedad se cumple inexorablemente siempre que lanzamos una piedad al espacio.

También, conforme a sus propias leyes biológicas, actúan los seres vivos: los vegetales proceden (nacen, crecen y mueren) siguiendo unas leyes que configuran su propia especie. De modo semejante, los animales se comportan de acuerdo con los instintos de sus respectivas especies, y es sabido que esos instintos están grabados en sus propios genes. Por consiguiente, el animal actúa automáticamente, siempre del mismo modo, siguiendo su impulso instintivo. El hombre, por el contrario, puede intervenir de inmediato en el proceso de su actuar: se decide o se abstiene, interrumpe lo que había determinado o elige entre las múltiples opciones que se le ofrecen, delibera si continúa su acción o la suspende, incluso puede optar por su contrario, etc.

Pues bien, esa capacidad de decidirse a actuar o de abstenerse, de determinarse por algo o resolver por lo opuesto, incluso de crear situaciones nuevas, es lo que cabe entender como «libertad». No es fácil definir con rigor qué es realmente la libertad. El filósofo Schopenhauer afirmó que era un «misterio», pues se trata de un concepto «límite», por lo que su riqueza se resiste a ser encerrada en un concepto.

Por su parte, Nicolai Hartmann escribió: «El problema de la libertad es el más difícil de los problemas de la Ética, es ciertamente su *exemplum crucis*». Pero, si tratásemos de definirla brevemente, cabría hacerlo en los siguientes términos: «*Libertad es la capacidad que tiene el hombre de autodeterminarse*».

De esta definición, se puede concluir que la esencia de la libertad no está, propiamente, en la posibilidad de elegir, pues la «elección» como tal sigue a la «autodeterminación», por lo que, una vez que el sujeto haya elegido, no podría volver a ejercerla. Sí puede determinarse a hacer otra elección, incluso a corregirla, pero eso equivale a «autodeterminarse» de nuevo.

Una definición descriptiva y más cercana a la ciencia moral, cabría formularla en los siguientes términos: *Libertad es la capacidad interior de la persona, mediante la cual la voluntad puede optar entre querer o no querer, determinarse por distintas posibilidades o decidirse por su contrario.*

Conforme a esta definición, los autores clásicos distinguen tres clases de libertad:

- *Libertad de necesidad:* Es la posibilidad de actuar o no actuar.
- *Libertad de especificidad:* Es la capacidad de decidirse entre diversas opciones.
- *Libertad de contradicción:* Es la que decide entre dos cosas opuestas.

Estos elementos se incluyen en la siguiente descripción del *Catecismo de la Iglesia Católica:*

> «La libertad es el poder, radicado en la razón y en la voluntad, de obrar o de no obrar, de hacer esto o aquello, de ejecutar así por sí mismo acciones deliberadas. Por el libre arbitrio cada uno dispone de sí mismo. La libertad es en el hombre una fuerza de crecimiento y de maduración en la verdad y la bondad. La libertad alcanza su perfección cuando está ordenada a Dios, nuestra bienaventuranza» *(CEC, 1731).*

En este sentido, se debe subrayar la amplitud de poder de la libertad que abarca tantos niveles, pues precede al obrar humano, le acompaña a lo largo de la acción e incluso cabe que el hombre se decida por realidades opuestas entre sí. A esta altura en que se sitúa la libertad, destaca la importancia que juega en el ser humano, hasta el punto que cabría definirlo por ella: el hombre es «el ser libre». En efecto, en la libertad confluyen la razón, la voluntad y la vida afectiva sentimental, estas tres dimensiones constitutivas del ser humano.

Limitaciones de la libertad

A pesar de la altura de nivel y del amplio campo de su acción, la libertad humana es limitada. Es curioso observar cómo en algunos ambientes se demanda para el hombre una libertad absoluta y, en caso de que se constate que tal libertad no es posible, de inmediato, se niega la condición libre del hombre. Aquí parece que vale el «todo» o «nada». Y es más de admirar por cuanto todo el mundo está dispuesto a aceptar la limitación en muchas otras dimensiones del ser humano: en la fuerza, en la inteligencia, en la vida afectivo-sentimental, etc. Solo la libertad parece que es ajena a la ley de la finitud, inherente a la persona humana.

A este respecto, conviene dejar claro que, dado que el hombre es un ser limitado, las distintas realidades humanas participan de esa limitación, incluida la libertad, amén de la fuerza, de la inteligencia, etc. La limitación de la libertad viene, pues, determinada por la propia estructura de la persona, que es un ser esencialmente finito, por lo que la libertad está sometida a ese mismo límite de finitud.

La limitación de la libertad tiene orígenes muy diversos (cfr. *VS*, 86-87). Unas veces viene dada por la naturaleza del propio ser: por ejemplo, el hombre no tiene capacidad de volar. Otras veces la limitación deriva de las circunstancias que afectan a su mismo origen: hablar español o chino depende del lugar de nacimiento. Y siempre se limita por la condición de ser varón o mujer, niño, adolescente o anciano...: no todas las personas pueden hacer lo mismo. El hecho, por ejemplo, de vivir en la costa permite ver el mar, lo cual no es posible en el interior. Además, la propia libertad se reduce porque no puede invadir el ámbito en el que se ejerce la libertad del otro, que también es un ser libre. Los ejemplos podrían multiplicarse. Zubiri escribe:

> «Decir que el hombre es libre, no significa que el área de su libertad sea omnímoda. Más bien, es un área más o menos

angosta por razón de la extensión y por razón de la profundidad. Podría ampliarse en cada caso esa área, pero siempre se da como área limitada» *(Sobre el hombre,* p. 146).

Ahora bien, esas limitaciones *condicionan* su ejercicio, pero no *niegan* su existencia. Son «condiciones» de su ser, y todo hombre está «condicionado». Cosa distinta son las «determinaciones» que violan la independencia del sujeto, pues característica de la persona es «auto-determinarse». Solo se niega la libertad cuando se impide su ejercicio «determinándola», lo que ocurre en el caso de coacción o de violencia. Pero, aún en tal situación, el individuo mantiene su libertad interior, aunque no pueda ejercerla: el prisionero está muy limitado en su espacio y en sus elecciones, pero conserva su libertad psicológica. Lo cual es bien distinto de negar que el hombre sea un ser libre por naturaleza.

Además, no toda «limitación» es negadora de la libertad, sino que puede dar lugar a nuevas posibilidadades de ejercitarla en su nuevo ámbito. Por ejemplo, al anciano no le es posible subir a la montaña, pero es capaz de enseñar el camino; en Santander se puede ver el mar, pero en Madrid se tiene la posibilidad de visitar el Museo del Prado, etc. Las «limitaciones» no siempre son negativas de libertad, sino que ofrecen opciones nuevas de ejercerla.

Libertad. Verdad. Bien

La libertad es un *en sí,* es decir, una condición del ser humano; pero la libertad como realidad dice relación a la «verdad» y al «bien». Como enseña el *Catecismo de la Iglesia Católica*: «La libertad es en el hombre una fuerza de crecimiento y de maduración en la verdad y la bondad» *(CEC,* 1731). Precisar con rigor estos conceptos equivale a entender realmente *qué* es la libertad y *para qué* el hombre es libre.

Libertad y verdad

Como enseña la Encíclica *Veritatis splendor*: «La libertad depende fundamentalmente de la verdad» *(VS, 34)*. La relación «libertad-verdad» es de fácil comprensión. En primer lugar, porque para que el hombre actúe libremente, se requiere que «conozca» lo que realmente va a ejecutar o, su contrario, lo que pretende omitir o elegir. En efecto, si se me asegura que, pulsando un botón de mando, se dispara la traca de fuegos artificiales de una feria y, por equivocación, explosiona un coche bomba, se sigue una acción no querida por mí y de la cual yo no soy responsable. Si se me entrega un paquete que, según me dicen, es un libro y, por engaño, contiene medio kilo de cocaína, ni cometo una falta moral, ni incurro en delito, ni se me debe considerar un traficante en droga.

La razón es que la propia estructura de la libertad —en cuanto es «acción humana»— supone que el sujeto conoce la naturaleza del acto que realiza; más aún, que es consciente de la bondad o malicia del acto que pretende llevar a cabo. Aquí tienen plena aplicación las palabras de Jesús: «La verdad os hará libres» *(Jn 8, 32)*. En efecto, solo es libre la persona que conoce la verdad. De ahí se siguen, al menos, dos consecuencias:

a) El medio para crecer en la libertad es profundizar en la verdad. El hombre libre es aquel que ama, busca y consigue la verdad. Por el contrario, el gran enemigo de la libertad es la ignorancia, el engaño, el equívoco y la mentira.

b) El camino para ayudar a los otros a que sean libres es posibilitarles que salgan del error y conozcan la verdad. De ahí que, en el campo de la fe, sea riguroso afirmar que el apostolado cristiano es una verdadera catequesis que instruye y hace que el otro conozca y ame la verdad.

Pero la «verdad» es la *lectura* de la realidad. El hombre no crea la realidad, sino que la «conoce». Por eso «conocer» no es «opinar» *(en mi opinión)*, ni «parecer» *(a mi me parece)*, ni siquiera es «pensar» *(yo pienso)*, pues yo puedo tener una imaginación brillante y ser capaz de pensar en quimeras y aun en errores disparatados. De ahí la íntima conexión que existe entre libertad y verdad. Y, cuando esto se cumple, son imposibles y se anulan los «subjetivismos relativistas», incluido el relativismo ético.

En este campo, se ha llegado a situaciones aberrantes, pues en algunos individuos la propia opinión prevalece sobre la verdad. Y, asentados sobre el parecer personal, frecuentemente, se añade que se trata de «ser sincero con uno mismo», cuando, en realidad, lo que se debe respetar en todo momento es la verdad objetiva y a ella se ha de adecuar la sinceridad de la propia conducta. Esta actitud tan extendida la denuncia Juan Pablo II en los siguientes términos:

> «Ha desaparecido la necesaria exigencia de *verdad* en aras de un criterio de sinceridad, de autenticidad, de "acuerdo con uno mismo", de tal forma que se ha llegado a una concepción radicalmente subjetivista del juicio moral» *(VS*, 32).

Libertad y bien

La relación entre «libertad» y «bien» es aún más estrecha que la que existe entre «libertad» y «verdad». Y, sin embargo es más difícil de expresarla conceptualmente. La razón es que, si se niega la libertad para hacer el mal, parece que se limita e incluso puede pensarse que se rehusa la condición libre del hombre. Sin embargo, la libertad debe ejercitarse para el bien, dado que así se respeta el *ser de la persona y el ser de la realidad*. Se trata de un problema de ontología que se cumple en todos los ámbitos de la realidad. Así, por ejemplo, si le fuese dado a la piedra no verificar la ley de la gravedad, se produciría un caos cósmico; si el animal fuese capaz de obrar en contra de su propio instinto, se anularía y mutilaría a sí mismo. De modo semejante, si el hombre no respeta el orden de su propio ser, se envilece. Es lo que ocurre cuando, en virtud de su condición libre, la persona hace el mal, pues, en tal supuesto, actúa en contra de su propio ser.

Por ello, la libertad humana debe respetar el ámbito de su realidad específica y no debe violentarla. Más aún, su ejercicio no puede lesionar lo que el hombre *es*, dado que la libertad se le ha concedido, precisamente, en orden a perfeccionarse como persona. Este es el origen del dicho clásico: «*Hacer el mal, no es propio de la libertad, ni siquiera una parte de ella, sino tan solo es signo de que el hombre es libre*». Es decir, cuando el hombre usa la libertad para hacer el mal, muestra, ciertamente, que es libre, dado que puede realizarlo, pero no ejercita la verdadera libertad, pues no hace un uso legítimo de ella: tras la apariencia de la libertad, se patentiza que es esclavo de la ignorancia o del mal que apetece y, al decidirse a ejecutarlo, se hace daño a sí mismo, pues se subordina a lo que no es lícito.

Cabe aún decir más: cuando la libertad hace el mal, se deteriora y esclaviza al hombre. No solo desde el punto de vista bíblico, sino desde una consideración racional es fácil constatar que el mal provoca la esclavitud y niega la libertad. Este es el sentido de la sentencia de San Pablo: «El que hace el pecado es esclavo del pecado» *(Rom* 6, 17). Ofrecer a la persona la posibilidad de optar por el mal, es situarla en la ruta del capricho, de la «gana» o del instinto, cuando, precisamente, el hombre actúa como tal cuando somete el instinto a la razón y adquiere un dominio sobre sí mismo. Como enseña el *Catecismo de la Iglesia Católica:*

«En la medida en que el hombre hace más el bien, se va haciendo también más libre. No hay verdadera libertad sino en el servicio del bien y de la justicia. La elección de la desobediencia y del mal es un abuso de la libertad y conduce a la esclavitud del pecado» *(CEC,* 1733).

La persona humana es un ser libre por cuanto está a su arbitrio elegir aquel tipo de conducta que le permite alcanzar la propia perfección. «Puede» hacer el mal, pero no «debe» realizarlo. La libertad se sitúa, pues, no en el *poder físico*, sino en el *deber moral*. Por ello, si una acción humana lesiona la naturaleza del hombre, éste «debe» racionalmente rehusar llevarla a cabo. Esta es una actitud coherente; más aún, es el modo más inteligente de ejercer la libertad.

Ahora bien, el hombre tiene en sí una disposición hacia el mal. El pecado de origen le inclina hacia el pecado. San Pablo lo enseña con precisión y referido a su propia persona:

«Porque sabemos que la ley es espiritual, pero yo soy carnal, vendido por esclavo al pecado. Porque no sé lo que hago; pues no pongo por obra lo que quiero, sino lo que aborrezco, eso hago. Si, pues, hago lo que no quiero, reconozco que la ley es buena, pero entonces ya no soy yo quién obra esto, sino el pecado, que mora en mí. Pues yo sé que no hay en mí, esto es, en mi carne, cosa buena. Porque el querer el bien está en mí, pero el hacerlo no. En efecto, no hago el bien que quiero, sino el mal que no quiero. Pero, si hago lo que no quiero, ya no soy yo quien lo hace, sino el pecado, que habita en mí. Por consiguiente, tengo en mí esta ley: que, queriendo hacer el bien, es al mal al que me apego; porque me deleito en la Ley de Dios según el hombre interior, pero siento otra ley en mis miembros que repugna a la ley de mi mente y me encadena a la ley del pecado, que está en mis miembros. ¡Desdichado de mí! ¿Quién me librará de este cuerpo de muerte? Gracias a Dios, por Jesucristo nuestro Señor» *(Rom 7, 14-24).*

Pues bien, el hombre, porque es libre, es proclive al mal, sin embargo tiene capacidad —siempre ayudado de la gracia de Dios— de vencer esas dificultades y de practicar el bien.

Más en concreto, la libertad humana alcanza su más alta calidad cuando se sitúa en el ámbito del querer de Dios. Contra lo que se pueda sospechar, Dios no limita la libertad del hombre, sino que la agranda. En este sentido, se entiende esta reflexión del papa Benedicto XVI:

> «Es frecuente la tentación del hombre de ejercer su libertad alejándose de Dios. Ahora bien, la experiencia del hijo pródigo nos permite constatar, tanto en la historia como en nuestra propia vida, que cuando se busca la libertad fuera de Dios el resultado es negativo: pérdida de la dignidad personal, confusión moral y desintegración social» *(Discurso* 9-X-2006).

Libertad y responsabilidad

Desde el punto de vista conceptual, estos dos términos no son coincidentes, sin embargo se implican mutuamente, de forma que toda «libertad» debe ser «responsable». Y, al contrario, no cabe «responsabilidad» sin libertad, al modo como tampoco se puede hablar de una libertad irresponsable.

De hecho, el argumento más concluyente para demostrar la libertad del individuo es, precisamente, el hecho de que el agente sale fiador de sus actos. A pesar de que la libertad es algo incuestionable, sin embargo —tal como hemos constatado más arriba— algunos autores niegan su existencia. Pues bien, el argumento decisivo a favor del hecho de la libertad, es la responsabilidad.

En efecto, cada persona se siente responsable de sus actos, por lo que exige que se le reconozca la garantía de su actuar. Igualmente, la sociedad y el derecho imputan al hombre sus acciones porque le juzgan responsable de ellas. Por ello, se ensalza y premia la acción buena y, al contrario, se censura y condena el actuar malo, de forma que al que hace el «bien», se le premia y al que causa el «mal», se le condena.

En la práctica, el hombre verdaderamente libre es el que se siente, a la vez, responsable de su decisión. Otras veces, el camino para alcanzar la verdadera libertad es hacer que el individuo se sienta garante de su actuar. Pero no faltan ocasiones en las que al individuo tampoco quepa darle más libertad que aquella de la que pueda salir responsablemente fiador. De hecho, como escribió el psiquiatra Viktor Frankl, libertad y responsabilidad deben ir juntas:

> «No me objeten que nosotros defendemos y propugnamos *incondicionalmente* la libertad... Yo estoy en contra del *incondicionamiento*. Libertad no es palabra definitiva. La libertad puede degenerar en libertinaje, cuando no es vivida con responsabilidad. Acaso ahora comprendan por qué he recomendado tan a menudo a mis estudiantes americanos que, junto a su estatua de la libertad, alcen otra a la responsabilidad» *(El vacío existencial,* 137).

Si la libertad es responsable, resulta lógico que el hombre sea capaz de comprometerse en empeños perdurables, pues la responsabilidad demanda de la persona que sea fiel a la palabra dada y que cumpla sus compromisos adquiridos. Así se expresaba el papa Benedicto XVI:

> «La totalidad del hombre incluye la dimensión del tiempo, y el "sí" del hombre implica trascender el momento presente: en su totalidad, el "sí" significa "siempre", constituye el espacio de la fidelidad [...]. Por consiguiente, la libertad del "sí" es libertad para asumir algo definitivo [...]. La auténtica expresión de la libertad es la capacidad de optar por un don definitivo, en el que la libertad, dándose, se vuelve a encontrar plenamente a sí misma» *(Discurso* 6-VI-2005).

Y en otro discurso memorable a los cardenales, al hacer recuento de lo acaecido en el año 2012, entre otros graves problemas, Benedicto XVI mencionó la disolución de la familia y del matrimonio que tiene como origen primero la «cultura de género» que borra la distinción entre hombre y mujer y en segundo lugar que niegue que la persona humana pueda tomar decisiones que le comprometan para siempre. Esta es la sabia reflexión del Papa:

«Tenemos en primer lugar la cuestión sobre la capacidad del hombre de comprometerse, o bien de su carencia de compromisos. ¿Puede el hombre comprometerse para toda la vida? ¿Corresponde esto a su naturaleza? ¿Acaso no contrasta con su libertad y las dimensiones de su autorrealización? El hombre, ¿llega a ser sí mismo permaneciendo autónomo y entrando en contacto con el otro solamente a través de relaciones que puede interrumpir en cualquier momento? Un vínculo para toda la vida ¿está en conflicto con la libertad? El compromiso, ¿merece también que se sufra por él? El rechazo de la vinculación humana, que se difunde cada vez más a causa de una errónea comprensión de la libertad y la autorrealización, y también por eludir el soportar pacientemente el sufrimiento, significa que el hombre permanece encerrado en sí mismo y, en última instancia, conserva el propio "yo" para sí mismo, no lo supera verdaderamente. Pero el hombre solo logra ser él mismo en la entrega de sí mismo, y solo abriéndose al otro, a los otros, a los hijos, a la familia; solo dejándose plasmar en el sufrimiento, descubre la amplitud de ser persona humana. Con el rechazo de estos lazos desaparecen también las figuras fundamentales de la existencia humana: el padre, la madre, el hijo; decaen dimensiones esenciales de la experiencia de ser persona humana» (*Discurso* 23-XII-2012).

Y esa fidelidad a la palabra libremente dada se debe hacer constar de manera especial cuando se trata de compromisos adquiridos ante Dios. A ello, ayuda además la gracia divina. El papa Benedicto XVI advertía contra esa falta de compromiso que se hace notar en no pocas actitudes del comportamiento humano: «Observamos preocupados que la noción de libertad se ha distorsionado. La libertad no es la facultad para *desentenderse de;* es la facultad de *comprometerse con,* una participación en el Ser mismo. Como resultado, la libertad auténtica jamás puede ser alcanzada alejándose de Dios» *(Discurso* 17-IV-2008).

La libertad y la gracia

Dada la condición del hombre, herido por el pecado original, el cristiano necesita de la gracia de Dios para hacer un uso siempre adecuado de la libertad. No obstante, la cooperación de la gracia no determina la libertad, sino que representa no solo una ayuda para ejercerla racionalmente, sino para dirigir sus actos al fin último sobrenatural.

Asimismo, la gracia facilita superar la ignorancia y vencer las pasiones, que son los dos grandes obstáculos para actuar libremente, conforme al querer de Dios. Consecuentemente, el cristiano cuando actúa guiado por la gracia, es más libre que quien obra de un modo espontáneo, o sea, si se conduce guiado por la fuerza del instinto o incluso si obra por el querer exclusivamente humano. Así se expresa el *Catecismo de la Iglesia Católica:*

«La gracia de Cristo no se opone de ninguna manera a nuestra libertad cuando ésta corresponde al sentido de la verdad y del bien que Dios ha puesto en el corazón del hombre. Al contrario, como atestigua la experiencia cristiana, especialmente en la oración, a medida que somos más dóciles a los impulsos de la gracia, se acrecientan nuestra íntima verdad y nuestra seguridad en las pruebas, como también ante las presiones y coacciones del mundo exterior» *(CEC,* 1742).

Cabe aún decir más: dada la condición pecaminosa del hombre, la gracia le facilita conducir su vida sin sucumbir a las múltiples tentaciones a que está sometido. En efecto, la situación calamitosa en que se encuentra le lleva con frecuencia a hacer un mal uso de la libertad. Pues bien, la gracia le presta una gran ayuda para superar esa condición:

> «La libertad del hombre es finita y limitada. De hecho el hombre erró. Libremente pecó. Al rechazar el proyecto del amor de Dios, se engañó a sí mismo y se hizo esclavo del pecado. Esta primera alienación engendró una multitud de alienaciones. La historia de la humanidad, desde los orígenes, atestigua desgracias y opresiones nacidas del corazón del hombre a consecuencia de un mal uso de la libertad» *(CEC,* 1739).

El ejemplo tipo son los santos, que superan esas limitaciones y obstáculos, al mismo tiempo que eligen inteligentemente al proponerse como objetivo único de su acción el cumplimiento del querer de Dios, y así, tal como atestigua la historia, son modelo de hombres y mujeres excepcionalmente libres: ¡ellos sí que actúan «porque les da la gana»!

Mérito, gracia y libertad

Mérito es la retribución que se da a quien ha realizado una obra buena. Así, por ejemplo, la sociedad reconoce el mérito de algunos de los ciudadanos que se han destacado por algunas acciones y, en consecuencia, les recompensa. En este sentido, el «mérito» cae bajo el ámbito de la justicia.

En realidad, las buenas acciones del cristiano no pueden ser dignas de mérito a los ojos de Dios: entre Dios y el hombre no cabe un derecho propio, dado que todo lo recibe de su Creador, por lo que la criatura solo puede colaborar con la acción divina que le precede, tal como enseña el *Catecismo de la Iglesia Católica*:

> «El mérito del hombre ante Dios en la vida cristiana proviene de que *Dios ha dispuesto libremente asociar al hombre a la obra de la gracia.* La acción paternal de Dios es lo primero, en cuanto que Él impulsa, y el libre obrar del hombre es lo segundo en cuanto que éste colabora, de suerte que los méritos de las obras buenas deben atribuirse a la gracia de Dios en primer lugar, y al fiel, seguidamente. Por otra parte, el mérito del hombre recae también en Dios, pues sus acciones proceden, en Cristo, de las gracias prevenientes y de los auxilios del Espíritu Santo» *(CEC,* 2008).

¿Quiere esto decir que el hombre con su buen actuar no tiene ante Dios mérito alguno? No, ciertamente, la primera gracia proviene de Dios, pero, como enseña el *Catecismo*, «bajo la moción del Espíritu Santo y de la caridad, *podemos después merecer a favor nuestro y de los demás gracias útiles para nuestra santificación, para el crecimiento de la gracia y de la caridad, y para la obtención de la vida eterna» (CEC,* 2010).

De este modo, en la acción moral se aúna la gracia de Dios y la libre cooperación del hombre. Como enseñó San Agustín, «la gracia ha precedido; ahora se da lo que es debido... los méritos son dones de Dios».

La libertad perfecciona el ser de la persona

Como hemos repetido, el hombre es un ser libre por naturaleza, pero la libertad es una apasionada conquista que dura toda la vida. De hecho, cada persona ha de estar en continuo ejercicio de lograr su condición de ser libre, puesto que la libertad es más un proyecto que una consecución, es más una meta que un logro.

Para conseguirlo, en primer lugar, el hombre debe desarrollar la inteligencia de forma que pueda adquirir con rigor el conocimiento de las categorías morales. Al mismo tiempo, necesita la praxis ascética que le facilite el dominio de las pasiones, de forma que le sea fácil el ejercicio de la libertad. Finalmente, debe ocuparse en la práctica de la virtud y en el desarrollo de la responsabilidad. Esta es la doctrina que expone el *Catecismo de la Iglesia Católica:*

> «La libertad hace al hombre *responsable* de sus actos en la medida en que éstos son voluntarios. El progreso en la virtud, el conocimiento del bien y la ascésis acrecientan el dominio de la voluntad sobre los propios actos» *(CEC,* 1734).

Esta tarea de perfeccionar la propia libertad es una labor costosa, pues, además del amor a la verdad y del dominio de los instintos, requiere un ejercicio continuo de obras buenas, de forma que la voluntad adquiera cierta espontaneidad en el cumplimiento del deber: es la llamada «libertad moral», o sea la que se perfecciona con el ejercicio de las virtudes, pues crece o disminuye según se quiera el bien o se adhiera al mal.

La libertad moral debe traspasar el deseo «de poder hacer» a la determinación del «deber hacer». Y más que la «libertad de», es decir sentirse libre de ciertas limitaciones, deberá ocuparse en la «libertad para», o sea la libertad «para hacer el bien».

Sin duda que el camino más corto es el empeño en usar la libertad en la tarea de la santidad, como enseña San Josemaría Escrivá: «La libertad adquiere su auténtico sentido cuando se ejercita en servicio de la verdad que rescata, cuando se gasta en buscar el Amor infinito de Dios, que nos desata de todas las servidumbres» *(Amigos de Dios,* n.º 26).

En definitiva, todo ello se reduce a amar: amar la propia libertad y amar los mandatos que se deben cumplir, pues, conforme escribe San Agustín, «cuanto alguien ama de verdad, disfruta de mayor libertad».

Conclusión

Como conclusión cabe recoger este texto del Concilio Vaticano II que alcanza a resumir la amplia y difícil doctrina que encierra el tema de la libertad humana:

«La orientación del hombre hacia el bien solo se logra con el uso de la libertad, la cual posee un valor que nuestros contemporáneos ensalzan con entusiasmo y con toda razón. Con frecuencia, sin embargo, la fomentan de forma depravada, como si fuera pura licencia para hacer cualquier cosa, con tal de que deleite, aunque sea mala. La verdadera libertad es signo evidente de la imagen divina en el hombre. Dios ha querido dejar al hombre en manos de su propia decisión para que así buscase espontáneamente a su Creador y, adhiriéndose libremente a éste, alcance la plena y bienaventurada perfección. La dignidad humana requiere, por tanto, que el hombre actúe según su conciencia y libre elección, es decir, movido e inducido por convicción interna general y no bajo la presión de un ciego impulso interior o de la mera coacción externa. El hombre logra esta dignidad cuando, liberado totalmente de la cautividad de las pasiones, tiende a su fin con la libre elección del bien y se procura medios adecuados para ello con eficacia y esfuerzo creciente. La libertad humana, herida por el pecado, para dar la máxima eficacia a esta ordenación a Dios, ha de apoyarse necesariamente en la gracia de Dios. Cada cual tendrá que dar cuenta de su vida ante el tribunal según la conducta buena o mala que haya observado» *(GS, 17).*

Tal es la paradoja de la libertad: si se orienta hacia el bien, el hombre alcanza las cotas más altas de su ser hombre, pero si la usa para el mal, rebaja su condición hacia las simas de su degradación como persona. Como enseñaba Benedicto XVI:

> «El hombre es una persona libre. Debemos comprender lo que es la libertad y lo que es solo apariencia de libertad. Podríamos decir que la libertad es un trampolín para lanzarse al mar infinito de la bondad divina, pero puede transformarse también en un plano inclinado por el cual deslizarse hacia el abismo del pecado y del mal, perdiendo así también la libertad y nuestra dignidad» *(Homilía* 18.III-2007).

Capítulo V
LOS ACTOS LIBRES DEL HOMBRE

Naturaleza de la vida moral

La persona humana se implica toda ella en su acción. De modo especial, ese empeño es aún más acusado cuando decide sobre asuntos cercanos a su intimidad; es decir, cuando se siente responsable de sus actos porque juzga que actúa bien o mal, de acuerdo con los criterios morales que le aportan sus convicciones personales o la profesión religiosa que practica.

Ese empeño por *hacer el bien* y *evitar el mal* queda aún más patente en el cristiano. En efecto, el bautizado que conoce su dignidad y que procura ser fiel a lo que profesa, se esmera en que todas sus acciones respondan a la vocación recibida, lo que se concreta en cumplir la voluntad de Dios e identificar su existencia con la vida de Jesús. Y, al contrario, quien no vive de acuerdo con su vocación, experimenta un remordimiento que le acusa de infidelidad e incoherencia, puesto que no practica lo que ha prometido.

Ahora bien, la actividad moral en sí misma es algo muy complejo, pues en ella confluye la insondable riqueza del ser humano. En concreto, concurren al menos los siguientes factores: los datos genéticos que aporta la herencia; la psicología que define su propio carácter; la sensibilidad y las pasiones que en ella anidan; los hábitos que, a modo de segunda naturaleza, juegan un papel considerable en la determinación de la voluntad; las circunstancias concretas en que actúa o en las que se desenvuelve su vida; las ideas de la época, la educación recibida, la formación religiosa y sobre todo la lucidez de conocimiento de lo que hace, así como la capacidad de decisión con que lo lleva a término.

Pues bien, este conjunto de factores ha de tenerse a la vista al momento de juzgar la moralidad de una conducta. Más en concreto, dado que existe esa íntima interrelación entre Moral y Antropología, la vida moral ha de partir de las cuatro notas que definen al ser humano como tal, cuales son: *la unidad radical de la persona, la historicidad, la socialidad y la apertura a la trascendencia.* En efecto, el juicio moral sobre un comportamiento determinado ha de partir de esas cuatro notas características de su ser:

a) De la *unidad esencial* propia de la persona humana, en la cual confluyen el cuerpo y el alma: es el hombre o la mujer individuos los que hacen el bien o el mal, puesto que «es en la unidad de alma y cuerpo donde la persona es el sujeto de sus propios actos morales» *(VS,* 48). No hay pecados del cuerpo y pecados del espíritu, sino que es el individuo concreto el que peca o hace el bien.

b) Además se ha de considerar la *condición histórica* que le es propia a la persona humana; por lo tanto, en su actuar intervienen —en distinta medida— la edad y condición del individuo, la formación recibida, la biografía que constituye el entramado de su pasado, las valoraciones éticas de su tiempo, etc.

c) Asimismo, se ha de considerar y tener en cuenta la *socialidad,* que, al ser una dimensión esencial del ser humano, también deja sentir sobre la persona los diversos factores sociales, tales como el influjo del entorno cultural, la acción negativa del llamado «pecado social» y de las «estructuras de pecado», las sensibilidades propias de su tiempo, etc.

d) Finalmente —y sobre todo—, se ha de considerar que *la persona está radicalmente abierta a la trascendencia*, lo cual exige una conducta moral derivada del querer de Dios. A esa dimensión religiosa —común a todos los hombres— el cristianismo añade la elevación sobrenatural por la gracia divina. Lo cual, si bien por una parte facilita la acción moral, por otra exige una altura de comportamiento que supera las fuerzas naturales, por lo que demanda la ayuda de los medios sobrenaturales.

El resultado de tantos factores es que la vida moral es tan importante y decisiva en la existencia del hombre concreto, como difícil y comprometida al momento de *vivirla*, de *juzgarla* y de *interpretarla*. De ahí la advertencia del Evangelio de «no juzgar» *(Mt* 7, 1-4). Solo Dios puede emitir un juicio veraz sobre la conducta de las personas. Y es cada individuo el que debe estar vigilante para interpretar su vida a la luz de las exigencias y de los imperativos morales, tal como son proclamados por el Evangelio, según los cuales será juzgado por Dios.

Los actos humanos

El hecho de que el hombre sea un ser inteligente y libre, es lo que permite que sus acciones sean verdaderamente humanas, y ese actuar de acuerdo con su ser, da como resultado que la persona sea *buena* o *mala* en el orden ético. Esta es una tesis común a la ciencia moral, que menciona expresamente la Encíclica *Veritatis splendor*. «Los actos humanos son actos morales, porque expresan y deciden la bondad o malicia del hombre mismo que realiza esos actos» *(VS,* 71). Los actos buenos hacen a la persona *buena.* Por el contrario, los actos malos, la envilecen, pues la hacen «mala persona».

En consecuencia, para que una acción pueda calificarse de «moral», antes debe ser «humana». Por ello, la moralidad de una acción requiere que la persona la lleve a cabo con *conocimiento* y *libertad*, que son dos características del ser humano, el cual es, a la vez, racional y libre. Por ello, un acto será moral en la medida en que, para su ejecución, el sujeto se haya empeñado en conocer la bondad o malicia del acto que ejecuta y se disponga libremente a llevarlo a efecto o, en su caso, a omitirlo.

Tales actos se califican «humanos», pues son *propios del hombre*. Por el contrario, si carecen bien sea de conocimiento o se llevan a término sin que intervenga la libertad, esos actos se denominan «actos del hombre». En este sentido, «actos del hombre» son aquellos que se realizan en el marco de la espontaneidad, sin que medie ni la advertencia del entendimiento ni la resolución de la voluntad. Tales son, por ejemplo, aquellos actos espontáneos que con tanta frecuencia acontecen en la vida humana: unos son vitales, como la digestión; otros dirigidos, pero se hacen de modo inconsciente, sin atención ni deliberación alguna, por ejemplo, muchas reacciones reflejas, las sensaciones, la ira instantánea, las acciones que acontecen en estado inconsciente o semidormido...; o sea, los que realiza el hombre, pero no «en cuanto hombre». La distinción entre «actos humanos» y «actos del hombre» es ya clásica. Santo Tomás de Aquino se expresaba así:

> «Solo se consideran específicamente humanas las acciones que proceden de una decisión deliberada; las demás es preferible llamarlas *actos del hombre*, más que humanos, pues no proceden del hombre en cuanto hombre» *(Sum. Th.* I-II, 1, 1).

La razón última de precisar lo que es, en rigor, un *acto moral* es que la eticidad está tan ligada al ser humano —«el hombre es moral por naturaleza»— que, para que pueda imputársele plenamente el bien y el mal, es preciso que se haya realizado con plenitud de conocimiento y con ponderada deliberación. Como es sabido, para cometer un pecado mortal se requieren tres condiciones: materia grave, conocimiento perfecto y voluntad plena.

No obstante, no cabe exagerar algunos elementos que influyen en el conocimiento y en la decisión de la libertad, hasta el límite de opinar que «conocimiento perfecto» y «voluntad plena» no se dan o tan solo sobrevienen en muy contadas ocasiones. Esto significa tener un concepto pesimista del hombre y de la mujer, como si casi nunca fuesen capaces de actuar como personas. El Magisterio rechaza la sentencia de algunos autores, los cuales sostienen que el hombre muy pocas veces puede cometer un pecado mortal, pues ni goza de un conocimiento lúcido ni es capaz de decidir libremente su acción. Juan Pablo II señala los límites de esas teorías:

> «El hombre puede ser condicionado, presionado, empujado por no pocos ni leves factores externos, como puede estar sujeto a tendencias, taras, hábitos ligados a su condición personal. En no pocos casos esos factores externos o internos pueden atenuar, en mayor o menor medida, su libertad y, por tanto, su responsabilidad y su culpabilidad. Pero es una verdad de fe, corroborada también por la experiencia y la razón, que la persona humana es libre. No se puede ignorar esta verdad, para descargar sobre realidades externas —las estructuras, los sistemas, los demás— el pecado de los individuos singulares. Entre otras cosas, esto sería cancelar la dignidad de la persona» *(RP*, 16).

En esos límites es preciso juzgar la moralidad de la existencia humana, la cual se desarrolla entre la posibilidad de decidir su vida de forma consciente y deliberada y las circunstancias que pueden condicionar esa decisión. Pues bien, aun contando con bastantes limitaciones, existe la posibilidad de que el individuo actúe como persona consciente y responsable.

En definitiva, es un imperativo antropológico salvar la dignidad de la persona y no disminuir su calidad de ser inteligente y libre. En la Encíclica *Veritatis splendor*, Juan Pablo II sale en defensa de la razón y de la libertad en el ámbito de la vida moral con los postulados siguientes:

a) Respecto a la razón, Juan Pablo II pone de relieve que el hombre tiene capacidad de *conocer la verdad*, incluso conoce la existencia de verdades universales, por lo cual la inteligencia puede discernir lo que es bueno y lo que es malo. Pero el Papa declara que en algunos círculos culturales se ha introducido una crisis acerca de la extensión y de la naturaleza de la verdad, lo cual repercute negativamente en el juicio moral. La Encíclica denuncia que en esos ambientes se ha llegado «a una concepción subjetivista del juicio moral», a lo cual «no es ajena la *crisis en torno a la verdad*». Por ello, quien «abandone la idea de una verdad universal sobre el bien, que la razón humana pueda conocer, ha cambiado también inevitablemente la concepción misma de conciencia» *(VS, 32)*.

b) Errores semejantes se suscitan en torno a *la libertad*. La Encíclica ensalza en todo momento la existencia de la libertad del ser humano y destaca su lugar en el comportamiento ético, pues sin ella no cabe hablar de moral:

> «La pregunta moral, a la que responde Cristo, *no puede prescindir del problema de la libertad, es más, lo considera central,* porque no existe moral sin libertad. El hombre puede convertirse al bien solo en la libertad. Pero *¿qué libertad? (VS, 34).*

Pues bien, el Papa se detiene en el análisis de la condición libre del hombre, pero denuncia dos errores que amenazan la verdadera libertad: los que la ensalzan hasta absolutizarla *(VS, 32)* y los que, en el otro extremo, la niegan *(VS, 33)*:

> «En algunas corrientes del pensamiento moderno se ha llegado a *exaltar la libertad hasta el extremo de considerarla como un absoluto, que sería la fuente de los valores.* En esta

dirección se orientan las doctrinas que desconocen el sentido de lo trascendente o las que son explícitamente ateas» *(VS, 32)*.

El papa Benedicto XVI rechazaba también este concepto absoluto de la libertad del hombre, el cual se extiende cada día más en los diversos ambientes. Tal falso concepto de libertad puede acabar en la arbitrariedad:

> «Hay filosofías e ideologías y también cada vez más modos de pensar y de actuar que exaltan la libertad como único principio del hombre, en alternativa a Dios, y de ese modo transforman al hombre en dios, pero es un dios equivocado, que hace de la arbitrariedad su sistema de conducta» *(Alocución semanal* 9-VIII-2009).

Los que la niegan son aquellos que exageran tanto los condicionamientos en que se encuentra la persona humana, que la convierten en un autómata:

> «Ante los condicionamientos de orden psicológico y social que pesan sobre el ejercicio de la libertad... algunos de ellos, superando las conclusiones que se puede sacar legítimamente de estas observaciones, han llegado a poner en duda o incluso negar la realidad misma de la libertad humana» *(VS, 33)*.

El verdadero criterio es aceptar la libertad, pero también admitir que en ocasiones puede ser limitada e incluso algunas circunstancias límite podrían, ciertamente, anularla. De ello nos ocupamos en el siguiente apartado. No obstante, aunque se insista con reiteración, en una recta exégesis del ser humano, de acuerdo con la más elemental antropología y sobre todo conforme a la fe católica, no es posible negar al hombre la posibilidad de conocer con profundidad la realidad moral y decidirse libremente en su actos.

Criterios que permiten juzgar que un acto no es humano

Dado que los elementos que confluyen en la actividad específicamente humana son el *conocimiento* de la bondad o malicia de una acción y la *deliberación* con que se lleva a la práctica, un acto deja de ser humano —y por ello no se imputa a la persona— cuando cesa de ser consciente y voluntario. Este es un punto decisivo para analizar la conducta desde el punto de vista moral.

Hay que distinguir entre «advertencia» y «consentimiento». Éste añade a aquélla un acto positivo de la voluntad que hace suya la acción que motiva el pecado. Los clásicos han subrayado en todo momento la importancia de este axioma moral: «sentir no es consentir». Lo cual connota que *el pecado reside en el consentimiento y no en la simple sensación*. Este principio tiene validez no solo para la concupiscencia, sino para todo tipo de pasiones.

Aquí tocamos el tema de los «impedimentos» que hacen que un acto no pueda calificarse como «humano». Acontece por dos motivos: deficiencias en el *conocer* o falta de *libertad*, y se da en las siguientes circunstancias:

Defectos de conocimiento

Varias son las causas que pueden disminuir e incluso eliminar un recto conocimiento moral de las acciones que se ejecutan. Se enumeran solo dos más comunes: la ignorancia y la duda.

a) Ignorancia. Es la carencia de conocimiento. Cabe señalar una variedad de casos de ignorancia:

- *de hecho:* se ignora si un acto concreto está o no prohibido;
- *de derecho:* si se desconoce la existencia de una ley moral;
- *vencible:* cuando es posible salir de la ignorancia;

- *invencible:* si es imposible salir de ella;
- *crasa o supina:* cuando no se pone esfuerzo alguno para vencerla;
- *afectada:* si se rehúsa poner los medios para salir de ella.

En estos y otros casos, la acción moral se mide por los siguientes principios morales:

—La «ignorancia vencible» puede disminuir la voluntariedad de un acto, pero quien la padece tiene obligación de poner los medios convenientes para salir de ella y adquirir los conocimientos necesarios.

—La «ignorancia invencible» quita toda culpabilidad.

—Las «ignorancias crasa y afectada» no restan culpabilidad, por lo que a quienes actúan con ese tipo de ignorancia, se les imputa como pecado las acciones en sí malas.

b) Duda: La duda puede afectar al conocimiento y a la voluntad. Acerca de la duda en el consentimiento, remitimos a lo que se dice en el capítulo VI. Aquí tratamos de la duda en el conocer. Cabe distinguir estas clases de duda:

- *positiva:* si hay motivos positivos para dudar;
- *negativa:* si no hay razones o solo muy tenues, sin fundamento serio para dudar;
- *de derecho:* si se duda acerca de la existencia u obligación de la ley;
- *de hecho:* cuando se duda si un acto concreto se incluye en la ley.

Los estados de duda se juzgan conforme a los siguientes principios morales:

—No es lícito actuar con conciencia dudosa positiva acerca de la licitud de una acción concreta, sin antes poner los medios razonables para salir de la duda.

—La duda negativa no debe tenerse en cuenta al momento de actuar, aunque se tengan razones tenues para dudar.

—En la duda positiva y cuando no es posible salir de ella, es lícito actuar cuando se llega a un cierto convencimiento de rectitud, deducido de principios o razones extrínsecas.

Deficiencias en la libertad

Las causas que pueden disminuir e incluso anular la libertad son múltiples, cabe mencionar —además de la ignorancia— las siguientes: la concupiscencia, la violencia y el miedo.

a) Concupiscencia: Aquí se entiende en sentido de «pasión» y no en cuanto con ese término se indica el desorden de las tendencias que proviene del pecado original. Como *pasión* cabría definirla así: «Es la inclinación de las pasiones que buscan satisfacer el bien sensible».

El tema de las pasiones ocupa un lugar destacado en la vida moral, dado que pueden ser fuente de pecado, por lo que se demanda el dominio de las mismas. Los clásicos califican de «político» a este dominio que la persona debe tener de sus propias pasiones. Con ese calificativo se quiere significar que, dado el carácter orgánico (corporal) de las pasiones, no se tiene un dominio absoluto sobre ellas.

Ciertamente, las pasiones influyen en los actos libres, pero su papel en la valoración moral depende del *consentimiento* de la voluntad, conforme al principio ya indicado: «sentir no es consentir». En el capítulo X se exponen algunas normas para la lucha contra las pasiones. Aquí cabe distinguir las siguientes situaciones:

- *antecedente:* es la que precede y en parte ocasiona la acción;
- *concomitante:* es la pasión que acompaña a la acción;
- *consiguiente:* es la que sigue y se acrecienta con la acción.

La relación entre la violencia-libertad se rige por estos dos principios morales:

— La concupiscencia antecedente y concomitante pueden disminuir la libertad de un acto determinado.

— La concupiscencia consiguiente no disminuye la voluntariedad, pero fomentada puede aumentar la voluntariedad.

b) Violencia: Es la coacción que una fuerza exterior puede ejercer sobre la voluntad. Pueden darse estas dos situaciones:

- *absoluta:* cuando quita la libertad, aunque se la resista;
- *relativa:* si se la puede resistir.

La interrelación *violencia-libertad* se mide por estos dos principios:

—La violencia absoluta quita la libertad, por lo que los actos realizados con ese tipo de violencia no son imputables al sujeto.

—La violencia relativa solo disminuye la libertad.

—En caso de violencia absoluta o relativa se ha de evitar el consentimiento interno.

c) Miedo: Es el temor fundado en los males que se pueden originar al interesado, a sus allegados o a sus bienes. Se distinguen los siguientes casos:

- *externo:* es el motivado por agentes externos al sujeto (amenazas, etc.)
- *interno:* nace en el sujeto por motivos psicológicos.

Principios éticos que rigen el actuar con miedo:

—El miedo exterior o interior, en la medida en que quite la libertad, resta culpabilidad a la acción que se realiza.

—Los actos que se llevan a cabo motivados por el miedo, si no quitan la libertad, son imputables al sujeto que los ejecuta.

«La acción de doble efecto»

En este capítulo, también debe estudiarse un tema clásico: «la acción de doble efecto»; o sea, el caso en que de una sola acción se sigan dos efectos, uno bueno y otro malo. La solución clásica enseña que, cuando de un acto que se lleva a cabo se originan un bien y un mal, para ejecutarlo se requiere que se den, al mismo tiempo, estas cuatro condiciones:

- que la acción sea buena o al menos indiferente;
- que el fin que se persigue sea alcanzar el efecto bueno;
- que el efecto primero e inmediato que se sigue sea el bueno y no el malo;
- que exista causa proporcionalmente grave para actuar.

Es claro que esta variedad de temas puede llevar a una casuística moral que trivializa el enfrentamiento específicamente humano. Pero no es menos cierto que con frecuencia el sujeto se encuentra en situaciones que requieren un criterio de actuar, de lo contrario puede trivializar la acción y conducirse caprichosamente. Tales casos ocurren de ordinario en el ejercicio de las diversas profesiones: en la abogacía, en la medicina, etc.

Las «fuentes de la moralidad»

Si se pregunta de dónde deduce la Teología Moral los principios de la vida ética y los criterios para juzgar si una acción es «buena» o «mala», la respuesta es el enunciado de este apartado denominado «fuentes de la moralidad». Es decir, el teólogo —y cualquier persona— debe emitir un juicio moral de las acciones humanas a partir de tres criterios que ha de sopesar conjuntamente: 1. Del «objeto» elegido o acción que se lleva a cabo; 2. Del «fin» que se busca con la acción o sea de la intención con que se realiza; 3. De las «circunstancias» que concurren en la acción u omisión del acto.

La denominación de «fuentes» indica que la moralidad de los actos humanos «brota» precisamente de ese triple origen: del «objeto», del «fin» y de las «circunstancias». El tema es decisivo para juzgar la bondad o malicia de las acciones humanas y de ello se han ocupado los moralistas de todos los tiempos.

Por «objeto» se entiende «un bien elegido hacia el cual tiende deliberadamente la voluntad. Es la materia de un acto humano» *(CEC, 1751)*. «Objeto» es, pues, *la acción concreta* que se lleva a cabo, por ejemplo, el acto de caridad, una mentira, la injusticia que se comete, el acto de culto ofrecido a Dios, la blasfemia, etc. El «objeto» tiene también cierta relación con el fin que se propone el agente. Así, la Encíclica *Veritatis splendor* enseña: «El objeto del acto del querer es un comportamiento elegido libremente». Por ello, lo define así: «El objeto es el fin próximo de una elección deliberada que determina el acto de querer de la persona que actúa» *(VS, 78)*.

La doctrina moral clásica ha subrayado siempre la importancia del «objeto». En ese mismo número de la Encíclica se enseña: «La moralidad del acto humano depende sobre todo y fundamentalmente del objeto elegido racionalmente por la voluntad deliberada». Y el *Catecismo de la Iglesia Católica* afirma: «El objeto elegido especifica moralmente el acto del querer, según que la razón lo reconozca y lo juzgue conforme o no al bien verdadero *(CEC, 1751)*. No obstante, como se dice en el apartado siguiente, se ha de evitar el exagerado objetivismo.

El «fin» se refiere a la intención o finalidad que se propone el que actúa. El *Catecismo de la Iglesia Católica* lo define en estos términos:

«La intención es un movimiento de la voluntad hacia un fin; mira el término del obrar. Apunta al bien esperado de la acción emprendida... Por ejemplo, un servicio que se hace a alguien tiene por fin ayudar al prójimo, pero puede estar inspirado al mismo tiempo por el amor de Dios como fin último» *(CEC, 1752)*.

En razón del «fin», una acción en sí buena puede convertirse en mala, cuando el sujeto se propone un fin malo. Tal es, por ejemplo, la gratificación que cabe hacer como limosna al necesitado o si se le ofrece esa ayuda con la finalidad de recibir elogios y de beneficiarse en algo. Pero una acción en sí misma mala, no se convierte en buena en razón del «fin» que se proponga el sujeto. Por eso afirma San Pablo que «no se ha de hacer el mal con el fin de obtener un bien *(Rom* 3, 8).

Asimismo, se han de tener en cuenta los «medios» que se usan para obtener el «fin» deseado. A este respecto, es preciso afirmar que los «medios» no son ajenos a la moralidad. Más aún, cabe que un fin bueno no deba alcanzarse cuando se emplean medios injustos. Aquí cobra valor el principio de que «el fin no justifica los medios». El cual, en lenguaje popular, suele formularse de modo contrario. Así, por ejemplo, un opositor puede usar todos los medios a su alcance para obtener la plaza, pero no debe usar medios ilícitos, cuales son la mentira, el engaño o, lo que aún es peor, la calumnia contra el contrincante.

Las «circunstancias» juegan un papel importante en el juicio moral de una acción. Así, por ejemplo, no es lo mismo la mentira que dice un niño, que la mentira de un Presidente de gobierno, y es aún más grave, si éste miente públicamente y en declaraciones que hace en cuanto es Presidente de la nación. Sin embargo, «las circunstancias son elementos secundarios de un acto moral. Contribuyen a agravar o a disminuir la bondad o la malicia moral de los actos humanos (por ejemplo, la cantidad del dinero robado). Pueden también atenuar o aumentar la responsabilidad del que obra (como actuar por miedo a la muerte). Las circunstancias no pueden de suyo modificar la calidad moral de los actos; no pueden hacer ni buena ni justa una acción que de suyo es mala» *(CEC,* 1754).

A partir de esa triple consideración, cada persona —y el moralista en caso de ser consultado— juzga si una acción es buena o es mala. Ese juicio concreto no siempre es fácil. Y el motivo es la diversa interpretación que cabe hacer de esos tres criterios. Pero el tema es tan determinante, que en él se originan las diversas escuelas éticas, que pasamos a enunciar.

Escuelas o esquemas morales

Entendemos aquí por «esquemas morales» las teorías que, a partir de las «fuentes de la moralidad», de tal forma acentúan una de ellas, que dan origen a teorías insuficientes o erróneas, pues desvirtúan el concepto mismo de «lo moral». Cabe enumerar las siguientes:

Objetivismo ético

Cabría también de calificarlo de «realismo exagerado», pues valora tanto la acción en sí misma, es decir, lo que se lleva a término o lo que se omite, que hace depender *solo* del «objeto» la moralidad de la acción. Tal objetivismo no tiene a la vista la condición subjetiva del individuo, las circunstancias en que actúa, la finalidad que se propone, etc.

Ciertamente, la moralidad de un acto se especifica por el «objeto», pero tema bien distinto es que la atención se fije *exclusivamente* en lo que se hace. En efecto, la Encíclica *Veritatis splendor* afirma taxativamente que «la moralidad del acto humano depende sobre todo y fundamentalmente del objeto elegido racionalmente por la voluntad deliberada», pero añade: «Para aprehender el objeto del acto, que lo especifica moralmente, hay que situarse *en la perspectiva de la persona que actúa*» *(VS,* 78).

No obstante, «situarse en la perspectiva» del agente, no significa, como dicen algunos, que el bien y el mal depende «de la intención del sujeto». Aquí se levanta la opinión tan extendida de que actuar bien o mal depende de la «intención». Precisamente, la Encíclica condena esta sentencia:

> «La razón por la que no basta la buena intención, sino que es necesaria también la recta elección de las obras, reside en el hecho de que el acto humano depende de su objeto, o sea si éste es o no *ordenable* a Dios, a Aquél que "solo es bueno", y así realiza la bondad de la persona. Por tanto, el acto es bueno si su objeto es conforme con el bien de la persona en el respeto de los bienes moralmente relevantes para ella... si es también *ordenable* al fin último... si se *ordena efectivamente* a Dios» *(VS, 78)*.

En efecto, los actos morales son buenos en cuanto se pueden «orientar» a Dios, por ello perfeccionan a la persona y además son válidos para alcanzar la salvación. Por el contrario, existen actos que, por mucha buena intención que se tenga e incluso por las circunstancias que en ellos concurran, son en sí mismos malos, independientemente de la «intención» del agente, pues no son «ordenables» a Dios.

No atender a la moralidad de la acción que se ejecuta, es iniciar la ruta de los subjetivismos, que valoran la bondad o malicia de un acto solo (o principalmente) por la disposición personal del agente, la cual, normalmente, coincide con su «modo de pensar», con sus intereses, cuando no con sus gustos o caprichos personales.

Éticas finalistas o teleológicas

Quienes defienden que la moralidad deriva del «fin» por el que se actúa, se alistan a alguna de las corrientes éticas denominadas «teleológicas» (derivado del griego «telos», que significa «fin»). Clásicamente, integraban el llamado, con razón, «utilitarismo ético». Hoy, las más actuales y radicales son el «consecuencialismo», que deriva el juicio moral de las «consecuencias» que se siguen a un determinado acto y el «proporcionalismo», que juzga que una acción es buena o mala según la proporción de bienes o de males que se consiguen. La Encíclica «Veritatis splendor» las describe así:

> «Algunas *teorías éticas*, denominadas *teleológicas*, dedican especial atención a la conformidad de los actos humanos con los fines perseguidos por el agente y con los valores que él percibe. Los criterios para valorar la rectitud moral de una acción se toman de la *ponderación de los bienes* que hay que conseguir o de los valores que hay que respetar. Para algunos, el comportamiento concreto sería recto o equivocado según pueda o no producir un estado de cosas mejores para todas las personas interesadas: sería recto el comportamiento capaz de "maximalizar" los bienes y "minimizar" los males» *(VS*, 74).

La Encíclica condena estas teorías en los siguientes términos:

> «Hay que rechazar la tesis, característica de las teorías teleológicas y proporcionalistas, según la cual sería imposible cualificar como moralmente mala según su especie —su «objeto»— la elección deliberada de algunos comportamientos o actos determinados, prescindiendo de la intención por la que la elección es hecha o de la totalidad de las consecuencias previsibles de aquel acto para todas las personas interesadas» *(VS*, 79; cfr. nn. 75-77).

Las *éticas consecuencialistas* se desarrollan teóricamente sobre todo en el ambiente intelectual anglosajón; parecen deudoras del utilitarismo inglés y son consecuencias de una cultura que valora sobre todo los efectos a conseguir. Lo malo es que ese mismo criterio es el que vive el hombre de la calle, el cual está abocado a valorar lo útil y el beneficio como magnitudes máximas de la vida. De ahí la influencia de esta ética en el comportamiento de no pocos hombres y mujeres de nuestro tiempo.

El «circunstancialismo ético»

Finalmente, las teorías éticas que afirman que el «bien» y el «mal» morales dependen solo de las «circunstancias» que concurran en el acto, se apuntan al llamado «circunstancialismo ético» o «moral de situación». Estas corrientes nacen ya en los años 50 del siglo XX, tienen una raíz historicista, se desarrollan con el existencialismo filosófico y, como tales, tuvieron especial vigencia entre los moralistas protestantes. Los autores católicos que se acercaron a estas teorías fueron condenados por Pío XII en 1952 y por el Santo Oficio en el año 1956.

Posteriormente, Juan Pablo II, en la Exhortación Apostólica *Reconciliación y Penitencia*, refiere que esa corriente moral encierra no pocos errores, por lo que se aleja de la moral católica:

> «Disminuye fácilmente el sentido del pecado a causa de una ética que deriva de un determinado relativismo historicista. Es la ética que relativiza la norma moral negando su valor absoluto e incondicional, y, negando, consiguientemente, que puedan existir actos intrínsecamente ilícitos, independientemente de las circunstancias en que son realizados por el sujeto. Se trata de un verdadero vuelco o de una caída de valores morales y el problema no es solo de ignorancia de la ética cristiana, sino más bien del sentido de los fundamentos y los criterios de la actitud moral» *(RP,* 18).

Cabría concluir que la valoración moral de un acto exige una armonía, que se alcanza cuando se contemplan los múltiples factores que intervienen en la acción humana: unos son objetivos, otros subjetivos y todos están mediatizados por las diversas circunstancias que concurren en la acción. La solución está en aunar esa «triple fuente de la moralidad», pues, tal como enseña el *Catecismo de la Iglesia Católica,* «el acto moral bueno supone a la vez la bondad del objeto, del fin y de las circunstancias» *(CEC,* 1760).

Capítulo VI
LA CONCIENCIA MORAL

Grandeza de la conciencia

La conciencia es lo más noble del hombre. Si la libertad es el constitutivo del existente humano, la conciencia señala el ser mismo de la persona. Orígenes escribió: «El alma del alma es la conciencia». En efecto, la conciencia es como la quintaesencia de la persona. Se dice de ella que es «su núcleo más íntimo», el «santuario de Dios», «sagrario del hombre», «lugar en el que Dios le habla»... Por eso se la adjetiva como «sagrada».

El sentir popular reconoce esta sacralidad y dignidad, hasta el punto que define la calidad de la persona por su conciencia. De ahí que el elogio máximo de alguien se concreta en el dicho popular: «Es un hombre o mujer de conciencia», y con ello se hace el encomio máximo. Paralelamente, el juicio más negativo se expresa en términos semejantes: «Ese individuo no tiene conciencia». Y también este comentario encierra el veredicto límite sobre la categoría moral de un individuo.

Asimismo, la importancia de la conciencia personal se refleja en las expresiones que demandan su reconocimiento y exigen sus derechos. Sentencias tales como «no permito que alguien se meta en mi conciencia», «exijo que se respete mi conciencia», «esto no lo permite mi conciencia», «es algo que debo hacer en conciencia», etc. son expresiones que surgen espontáneas en momentos en los que la persona humana debe tomar una decisión que compromete su más íntimo ser.

Cabe, pues, concluir que entre las variadas sensibilidades del ser humano, por ejemplo, el orden, la armonía, la belleza, la justicia, la paz, la verdad..., la sensibilidad suprema es la que caracteriza a la persona frente al bien y al mal morales. En este sentido, la conciencia es una especie de radar que hace que el hombre detecte con facilidad el bien y le conduzca a elegirlo, puesto que le señala el camino a la felicidad, Y, al contrario, al detectar el mal, lo rechace como opuesto a tal deseo innato de ser feliz.

En correspondencia con la grandeza de la conciencia personal, las grandes *Declaraciones de los derechos humanos* reconocen la «libertad de conciencia» como uno de los derechos fundamentales, el cual, a su vez, es la base de otros muchos derechos. De ahí que, a dicho reconocimiento, responda la «objeción de conciencia» como el derecho que protege a la conciencia individual contra cualquier injerencia extraña, bien sea de particulares o de los Estados. «Libertad» y «objeción» de conciencia están reconocidas en la Declaración de los Derechos Humanos de la ONU (*art.* 18), en la Constitución Española (*art.* 19, d) y en la Declaración sobre Libertad Religiosa del Concilio Vaticano II *(LR,* 1-2; cfr. *GS,* 79).

La descripción más exhaustiva y el papel decisivo que la conciencia desempeña en la vida moral quedó expresado literalmente en la Constitución «Gaudium et spes» con estas solemnes palabras:

> «La conciencia es el núcleo más secreto y el sagrario del hombre, en el que éste se siente a solas con Dios, cuya voz resuena en el recinto más íntimo de aquella. Es la conciencia la que de modo admirable da a conocer esa ley cuyo cumplimiento consiste en el amor de Dios y del prójimo. La fideli-

113

dad a esta conciencia une a los cristianos con los demás hombres para buscar la verdad y resolver con acierto los numerosos problemas morales que se presentan al individuo y a la sociedad. Cuanto mayor es el predominio de la recta conciencia, tanto mayor seguridad tienen las personas y las sociedades para apartarse del ciego capricho y para someterse a las normas objetivas de la moralidad. No rara vez, sin embargo, ocurre que yerre la conciencia por ignorancia invencible, sin que ello suponga la pérdida de su dignidad. Cosa que no puede afirmarse cuando el hombre se despreocupa de buscar la verdad y el bien, y la conciencia se va progresivamente entenebreciendo por el hábito del pecado» *(GS,* 16).

En resumen, este texto conciliar entraña las siguientes afirmaciones:

- La conciencia, sagrario del hombre, es lo más íntimo de la persona.
- En la conciencia, Dios habla al hombre.
- La conciencia descubre al creyente el precepto máximo del amor.
- Por la conciencia los hombres se unen entre sí en la búsqueda de la verdad.
- La conciencia recta es la seguridad máxima para ser fieles a la vida moral.
- La conciencia no pierde su dignidad cuando actúa con ignorancia invencible;
- La conciencia se degrada cuando, conscientemente, comete el pecado.

Definición

El *Catecismo de la Iglesia Católica* define la conciencia en los siguientes términos:

«La conciencia moral es un juicio de la razón por el que la persona humana reconoce la cualidad moral de un acto concreto que piensa hacer, está haciendo o ha hecho» *(CEC,* 1796).

La definición esclarece que la conciencia es un juicio racional práctico que juzga acerca de la bondad o malicia de una acción. En efecto, al modo como la razón teórica juzga de la veracidad o falsedad de una verdad especulativa, el hombre también es capaz de hacer juicios prácticos.

El fundamento es obvio: dado que el hombre *conoce* y *actúa*, además de formular juicios teóricos sobre la verdad y el error de ciertos enunciados intelectuales, también debe ser capaz de emitir juicios teórico-prácticos sobre el valor moral de sus actos. Este juicio de la razón práctica es la conciencia.

Por consiguiente, la función de la conciencia es juzgar las propias acciones del individuo, dictaminando su cualidad; es decir, juzga si son buenas o malas.

División

Con la importancia de la conciencia se corresponden las múltiples clases que de ella cabe distinguir. Estas son las más comunes:

a) Por razón del momento en que se emite el juicio. La definición del *CEC* incluye estos tres tipos:

—*Antecedente:* la que precede a la acción: antes de actuar, piensa si es «bueno» o «malo» lo que se va a realizar.

—*Concomitante:* es la que acompaña a la acción mientras ésta se lleva a cabo.

—*Consecuente:* es el juicio moral que se hace después de haber ejecutado un acto.

b) En relación a la norma o ley. Si se contempla la conciencia en relación a la ley que debe cumplir, se puede distinguir entre *verdadera y errónea.*

—*Conciencia verdadera* es la que coincide objetivamente con la norma o ley.
—*Conciencia errónea* es la que no se corresponde con lo que determina la norma.

En la *conciencia errónea* caben dos posibilidades: que el error sea «vencible». Tal sucede cuando se puede salir del error. O «invencible», si no resulta posible conocer objetivamente el contenido de la ley. La conciencia con «ignorancia vencible» es culpable. Por el contrario, quien actúa con «ignorancia invencible», no peca, si ha tomado las medidas oportunas para conocer lo que está permitido o prohibido.

c) Por razón del asentimiento del juicio, la conciencia se divide en cierta y dudosa:

—*Conciencia cierta* es la que emite el juicio con seguridad.
—*Conciencia dudosa,* cuando se duda sobre algún dato relacionado con el acto que se ejecuta o se omite, bien sobre si existe o no una ley que preceptúa o prohibe una acción o si la duda surge acerca de si tal ley obliga o no, etc.

Por su parte, la «duda» puede ser positiva o negativa:

—*Duda positiva* es la que surge por algún motivo serio que levanta la sospecha y permite dudar;
—*Duda negativa* cuando la duda surge sin motivo alguno.

d) Por el modo habitual de emitir el juicio cabe distinguir varios tipos de conciencia, las más frecuentes son estas tres: delicada, escrupulosa y laxa:

116

—*Conciencia delicada* es la que trata en todo momento y en los actos más pequeños de juzgar rectamente sobre lo mandado o prohibido con el fin de cumplirlo.

—*Conciencia escrupulosa* es la que encuentra motivo de pecado donde no hay razón alguna para ello.

—*Conciencia laxa* es la que por la razón más nimia se siente justificada para no observar lo mandado.

e) En razón de la responsabilidad con que se emite el juicio cabe distinguir la conciencia recta y la torcida:

—*Conciencia recta* es la que se ajusta al dictamen de la razón: «Se llama prudente al hombre que elige conforme a este dictamen o juicio» *(CEC,* 1780).

—*Conciencia torcida* es la que no se somete a la propia razón: Responde al hombre que actúa de modo imprudente y temerario.

Las diversas clases de conciencia se deducen de su relación con la ley o norma moral. El tema lo trataremos de modo expreso en el *Capítulo VII.* Ahora baste decir que la conciencia emite su juicio a partir de lo que determina la ley: ella no dictamina ni crea el bien y el mal, sino que lo deduce de lo que preceptúa o prohibe la ley. La relación entre ley y conciencia se formula en este conocido principio: la conciencia es la *norma próxima* y la ley es la *norma remota* del actuar humano.

Principios morales

La conciencia goza de ciertas propiedades al emitir los juicios prácticos. En síntesis, esos principios morales que dictamina el recto actuar podrían concretarse en los siguientes:

1. Es preciso actuar siempre con conciencia verdadera.

2. Nunca es lícito actuar con conciencia dudosa acerca de la licitud de una acción, si hay fundado temor de errar. En este caso, es preciso tomar las medidas oportunas para salir de la duda.

3. La duda puramente negativa no debe tenerse en cuenta al momento de actuar, aunque tenga alguna razón de poco peso.

4. La conciencia invenciblemente errónea, cuando permite algo que está prohibido y lo hace, no comete pecado.

5. La conciencia que padece un error invencible debe ser obedecida en lo que manda o prohibe, de lo contrario obra contra su conciencia y peca.

6. Es pecado actuar con conciencia venciblemente errónea.

7. La conciencia es libre, por lo que no debe ser violentada por nadie: Dios mismo respeta la libertad de la persona humana. Pero el hombre no es libre para no formar su conciencia, sino que está obligado a asumir los medios necesarios para formar una conciencia éticamente recta, tal como señalamos más abajo.

También estos principios se fundamentan en la relación que existe entre la norma moral y la conciencia, tal como se ha dicho en la página anterior; o sea, que la conciencia, cuando emite su juicio, no determina lo que es «malo» o «bueno», sino que lo deduce según lo que prohibe o preceptúa la ley.

La Declaración *Dignitatis humanae* del Concilio Vaticano II urge tanto la obligación de la conciencia de seguir el dictamen de la ley moral, como el respeto que merecen las decisiones que el sujeto asume de acuerdo con su conciencia, sobre todo respecto a sus convicciones religiosas:

> «El hombre percibe y reconoce por medio de su conciencia los dictámenes de la ley divina; conciencia que tiene obligación de seguir fielmente, en toda su actividad, para llegar a Dios, que es su fin. Por tanto, no se le puede forzar a obrar

contra su conciencia. Ni tampoco se le puede impedir que obre según su conciencia, principalmente en materia religiosa. Porque el ejercicio de la Religión, por su propia índole, consiste, sobre todo, en los actos internos voluntarios y libres, por los que el hombre se ordena directamente a Dios: actos de este género no pueden ser mandados ni prohibidos por una potestad meramente humana» *(DH, 3)*.

Crisis de la conciencia

Es preciso constatar que algunos contemporáneos niegan la existencia de la conciencia. Nos encontramos nuevamente (lo mismo que hemos dicho al hablar de la libertad) con una incoherencia histórica: ¿Cómo es posible que en una época cultural que valora hasta límites insospechados la conciencia, algunos se empeñen en negarla? Desde la diatriba de Nietzsche que escribió: «la conciencia es una terrible enfermedad», no faltan quienes achacan su origen a prejuicios religiosos, por lo que, en la teoría y en la práctica, pretenden negarla.

El argumento más convincente de la existencia de la conciencia —además de esa convicción universal en todos los tiempos y en las más diversas culturas que es imposible eludir— es la propia experiencia personal la que testifica la existencia de la conciencia en cada persona: todos experimentamos esa capacidad de re-flexión sobre nosotros mismos que nos «hace caer en la cuenta» de lo que hacemos, juzgando su bondad o malicia. Y, si es claro que la «re-flexión» intelectual es la causa del conocimiento teórico, menos aún cabe negar que la «re-flexión» sobre el propio actuar nos advierte de la veracidad de los juicios acerca del bien o del mal de las acciones que hemos realizado o que nos disponemos a llevar a término.

Desde la Biblia, la existencia de la conciencia es un dato incuestionable. Con diversos términos se señala que el actuar del hombre tiene que confrontarse con el dictamen de su conciencia. Según la Revelación, la conciencia está tan enraizada en el ser humano, que se la identifica con el corazón. Así se expresa el libro de los Proverbios: «Tened mis preceptos escondidos en vuestros corazones. Grabadlos sobre la tabla de vuestro corazón» *(Prov* 3, 1-3). Asimismo, la Biblia refiere que «Dios investiga la conciencia del hombre» *(Eccl* 42. 18) y que, ante la mala conducta, el pecador se verá acosado «por los remordimientos de la propia conciencia» *(Sab* 17, 11).

En el Nuevo Testamento se menciona 30 veces el término conciencia, con el cual se significan los diversos usos que se hace de ella: se alaba la buena conciencia *(1 Tim* 1, 5); se recuerda el respeto a la conciencia propia y ajena *(1 Cor* 10, 25-29); se contrapone la conciencia de los paganos y de los cristianos *(Rom* 2, 15; 13, 5); se recomienda respetar la conciencia de los débiles *(1 Cor* 7-13), etc. Y San Pablo subraya su «conciencia irreprensible ante Dios y ante los hombres» *(Hech* 24, 16); por eso aconseja a los creyentes que «no tengan conciencia alguna de pecado» *(Heb* 10, 2), puesto que tendrán que «dar cuenta a Dios de los juicios de su conciencia» *(2 Cor* 4, 2).

«Libertad de conciencia» y «Libertad de las conciencias»

En el afán de defender la conciencia y su intimidad, se suelen usar dos expresiones que no son unívocas, más bien son equívocas; pero con frecuencia se emplean indistintamente: «libertad de conciencia» y «libertad de las conciencias.

a) Libertad de conciencia es la que pretende situarse al margen de toda norma, incluida la ley de Dios, con el fin de hacer lo que le venga en gana. La «libertad de conciencia», así entendida, en ningún caso es defendible, por lo que no cabe demandarla como un derecho, pues la conciencia personal no es absoluta, sino que está sometida a la norma moral y siempre ha de atender al designio de Dios.

b) Libertad de las conciencias hace referencia a la dignidad de la conciencia de cada persona, por lo que debe ser respetada. Ésta, por el contrario, reclama no solo que sea reconocida por todos, sino que debe ser garantizada jurídicamente, de forma que esté protegida y se pueda defender ante los poderes públicos, incluso ante el Estado.

La «conciencia» y la «verdad»

Como se ha dicho, la función de la conciencia es emitir juicios «prácticos» acerca de la bondad o malicia de un acto. Pues bien, al modo como la razón teórica dice relación a la verdad objetiva, de modo semejante, la conciencia hace relación a la verdad práctica. En este sentido, la verdad práctica es el conocimiento del bien y del mal moral objetivos. Con otras palabras, a la manera que la razón descubre la verdad teórica (por ejemplo, la idea de «árbol»), paralelamente, la conciencia conoce la verdad moral cuando juzga, por ejemplo, que un robo es un pecado contra la justicia o que la blasfemia es una injuria contra Dios. Por ello, así como la realidad precede a la idea, de modo semejante el bien y el mal moral objetivos anteceden a la «conciencia»; o sea la «injusticia» es previa al juicio moral, lo mismo que el «árbol» es anterior al conocimiento teórico.

Consecuentemente, si la conciencia no respeta lo que es bueno o malo objetivamente, entonces el juicio práctico de la conciencia será erróneo puesto que falsea la verdad sobre la realidad de las cosas. Como enseña Juan Pablo II:

> «La bondad ética solo es otro nombre de la verdad, cuando ésta es buscada por el intelecto práctico. No se puede oscurecer y ofender la dimensión práctica de la verdad, sin que

a la larga deje de perjudicar a la percepción también de sus aspectos teóricos» *(Discurso a los científicos*, 8-V-1993).

La relación conciencia-verdad trae como consecuencia que la conciencia no *crea* el bien y el mal, sino que los *conoce*, los explica y los juzga. En este sentido, no tienen razón los subjetivismos éticos que afirman que la conciencia «crea» los conceptos de bien y de mal, siendo así que ella solo los «descubre» y juzga como tales. La Encíclica *Veritatis splendor* sale al paso de este error:

> «Se han atribuido a la conciencia individual las prerrogativas de una instancia suprema del juicio moral, que decide categórica e infaliblemente sobre el bien y el mal. Al presupuesto de que se debe seguir la propia conciencia se ha añadido indebidamente la afirmación de que el juicio moral es verdadero por el hecho mismo de que proviene de la conciencia» *(VS*, 32).

Pero el error que subyace a este equívoco es el falso concepto de «verdad». En efecto, se niega que exista una verdad universal acerca de bien y del mal y se afirma que los crea la conciencia en relación con cada uno de sus actos. Por eso la Encíclica precisa:

> «Abandonada la idea de una verdad universal sobre el bien, que la razón humana pueda conocer, ha cambiado también inevitablemente la concepción misma de la conciencia: a ésta ya no se la considera en su realidad originaria, o sea, como acto de la inteligencia de la persona, que debe aplicar el conocimiento universal del bien en una determinada situación y expresar así un juicio sobre la conducta recta que hay que elegir aquí y ahora, sino que más bien se está orientado a conceder a la conciencia del individuo el privilegio de fijar, de modo autónomo, los criterios del bien y del mal, y actuar en consecuencia. Esta visión coincide con una ética individualista, para la cual cada uno se encuentra ante su verdad, diversa de la verdad de los demás» *(VS*, 32).

Y en un discurso a la Academia Pontificia de la Vida, el papa Benedicto XVI advirtió:

> «Para poder iluminar rectamente la conducta humana (la conciencia moral), ante todo debe basarse en el sólido fundamento de la verdad, es decir, debe estar iluminada para reconocer el verdadero valor de las acciones y la consistencia de los criterios de valoración, de forma que sepa distinguir el bien y el mal, incluso donde el ambiente social, el pluralismo cultural y los intereses superpuestos no ayuden a ello» *(Discurso 24-II-2007)*.

En resumen: la conciencia no crea la verdad, sino que tan solo goza de una capacidad innata para descubrirla. Por eso, mientras se tiene uso de razón, todo hombre discierne —de modo más o menos claro— el bien y el mal. La conciencia es una luz inextinguible que nos viene dada por la misma naturaleza. De aquí la necesidad de formar bien la propia conciencia ya que no es infalible en sus juicios y necesita conocer la verdad.

Formación de la conciencia

De la grandeza de la conciencia, así como de su papel decisivo en el juicio moral, deriva la importancia y también la obligación que tiene todo hombre de formar de modo adecuado la propia conciencia. Como enseña la Encíclica *VS*, «Jesús alude a los peligros de la deformación de la conciencia cuando advierte: "La lámpara del cuerpo es el ojo. Si tu ojo está sano, todo tu cuerpo estará luminoso; pero si tu ojo está malo, todo tu cuerpo estará a oscuras. Y, si la luz que hay en ti es oscuridad, ¡que oscuridad habrá!" *(Mt 6, 22-23)*» *(VS, 63)*.

Conviene tener a la vista un primer dato: el individuo *nace* sin los conceptos de «bien» y de «mal» morales, si bien ya en el inicio no los recibe *de fuera*, sino que la razón capta lo «bueno» y lo «malo» y, con posterioridad, los elabora con más rigor a la luz de la ley natural y sobre todo mediante la ley del Espíritu y de la reflexión cristiana.

Cabe hacer un parangón bastante similar entre la razón teórica o la inteligencia en relación a la «verdad» y al «error» y la razón práctica o conciencia respecto del «bien» y del «mal». En efecto, así como el hombre nace sin ideas —no hay «ideas innatas»— y las adquiere a lo largo de su vida, de modo semejante cabe afirmar este proceso de la conciencia respecto a las categorías de «bien» y de «mal».

Pero, al modo como el niño no tiene ideas innatas, pero posee una gran capacidad para adquirirlas mediante la razón, de modo paralelo, la conciencia posee también una luz inextinguible que la capacita para detectar los conceptos morales.

La comparación puede apurarse aún más: la razón del niño asume sus conocimientos de fuentes diversas. En concreto, sin ser exhaustivos, los medios más inmediatos son los siguientes: o bien se los transmiten otras personas (padres y maestros, principalmente), o bien los adquiere por experiencia personal (sabe que el fuego quema, porque tiene tristes experiencias), o también por reflexión posterior deduciendo unas verdades de otras (se da especialmente en el hombre intelectual).

Pues bien, de modo parecido, el niño —supuesta esa «ley que Dios ha puesto en el centro de su corazón»— enriquece sus criterios éticos o bien porque se los enseñan sus padres y maestros, o porque el bien y el mal encuentran eco en su mismo interior o por reflexión sobre las exigencias de la ley natural, y sobre todo, mediante la acción del Espíritu que le ayuda a descubrir la ley interna comunicada en el Bautismo.

Todo hombre, pero especialmente el cristiano, tiene la obligación de formar su propia conciencia. El *Catecismo de la Iglesia Católica* lo urge en los siguientes términos:

> «Hay que formar la conciencia y esclarecer el juicio moral. Una conciencia bien formada es recta y veraz. Formu-

la sus juicios según la razón, conforme al bien verdadero querido por la sabiduría del Creador. La educación de la conciencia es indispensable a seres humanos sometidos a influencias negativas y tentados por el pecado a preferir su propio juicio y a rechazar las enseñanzas autorizadas» *(CEC,* 1783).

Pero las dificultades para la formación de la conciencia no son pocas. El papa Benedicto XVI advertía sobre las que cabe encontrarse en el ámbito de la cultura actual

> «La formación de la conciencia verdadera, por estar fundada en la verdad, y recta, por estar decidida a seguir sus dictámenes, sin contradicciones, sin traiciones y sin componendas, es hoy una empresa difícil y delicada, en la actual fase de secularización llamada post-moderna y marcada por formas discutibles de tolerancia, no solo aumenta el rechazo de la tradición cristiana, sino que se desconfía incluso de la capacidad de la razón para percibir la verdad, y a las personas se las aleja del gusto de la reflexión. Según algunos, incluso la conciencia individual, para ser libre, debería renunciar tanto a las referencias a las tradiciones como a las que se fundamentan en la razón. De esta forma la conciencia, que es acto de la razón orientada a la verdad de las cosas, deja de ser luz y se convierte en un simple telón de fondo sobre el que la sociedad de los medios de comunicación lanza las imágenes y los impulsos más contradictorios» *(Discurso* 24-II-2007).

Es evidente que esta situación socio-cultural pesa duramente sobre el intento de la formación de la conciencia de los individuos y no deja de salpicar incluso a los creyentes y a quienes están más próximos a los ambientes cristianos.

Medios para formar una conciencia recta

Para formar una conciencia recta existen unos medios específicos, que también tienen cierto parentesco con los que se emplean para educar la inteligencia (cfr. *CEC*, 1783-1785). Estos medios son los siguientes:

a) La aceptación de la enseñanza moral. El niño debe ser dócil a las enseñanzas acerca de la conducta que le comunican sus padres y maestros sobre lo que se debe hacer y lo que se ha de evitar. En el caso del adulto, éste debe estar atento a las enseñanzas morales que le ofrece el Magisterio de la Iglesia.

b) El conocimiento de la vida cristiana. La conciencia recta supone configurar sus criterios morales con el patrimonio y el estilo de vida moral cristiano que se transmite a través de la enseñanza bíblica, de la Tradición y del Magisterio.

c) La reflexión. A este respecto, conviene destacar la importancia que tiene el que se atienda a la voz de la propia conciencia:

«Es preciso que cada uno preste atención a sí mismo para oír la voz de su conciencia. Esta exigencia de *interioridad* es tanto más necesaria cuanto que la vida nos impulsa con frecuencia a prescindir de toda reflexión, examen o interiorización» *(CEC*, 1799).

d) El examen personal. Como medio para esa «interiorización», ocupa un lugar destacado la práctica ascética del «examen de conciencia». En efecto, al modo como la evaluación intelectual —¡examinarse!— es un criterio que garantiza la objetividad del saber racional, de modo paralelo, el «examen de conciencia» ayuda a que se adquieran criterios firmes y estables sobre la moralidad de la propia existencia.

e) El Sacramento de la Penitencia. Dentro de la práctica del «examen de conciencia», ocupa un lugar decisivo la *confesión sacramental* a la que precede ese otro examen, más profundo y general que abarca el conjunto de la vida. También aquí la comparación con el campo intelectual ofrece cierta luz: no son los exámenes parciales —¡las evaluaciones sucesivas!—, sino las «reválidas» o «exámenes de curso» los que ayudan a tener un conocimiento más amplio y asimilado de toda la asignatura. Pues bien, la conciencia que acostumbra a examinarse con frecuencia para dar cuenta de su estado moral en la confesión, hace uso de un medio incalculable para adquirir criterios sólidos y rectos de moralidad.

f) La dirección espiritual. Finalmente, la conciencia adquiere criterios más seguros cuando logra objetivarlos en conversación con otra persona, que le ayuda a superar los subjetivismos o los caprichos, a los que el ser humano es tan proclive. Y, al modo como la consulta con un profesor estimula a adquirir unos conocimientos más amplios y claros del saber, de modo semejante el trato con un director espiritual se presenta como gran ayuda para alcanzar una alta cota de rectitud moral.

Finalmente, para el logro de una conciencia recta, es conveniente ejercitarse en actitudes virtuosas. No basta el conocimiento teórico, sino que es preciso tener una especie de «connaturalidad» con el bien que se lleva a cabo en el ejercicio de las virtudes cardinales y teologales. A este respecto, la Encíclica *VS* enseña:

«En las palabras de Jesús *(Mt* 6, 22-23), encontramos también la llamada a *formar la conciencia,* a hacerla objeto de continua conversión a la verdad y al bien. Es análoga la exhortación del Apóstol a no conformarse con la mentalidad de este mundo, sino a "transformarse renovando nuestra mente" *(Rom* 12, 2). En realidad el corazón convertido al Señor y al amor del bien es la fuente de los juicios *verdaderos* de la conciencia» *(VS,* 64).

Algunos de estos medios y otros propios de la acción pastoral de la Iglesia son recomendados por el papa Benedicto XVI:

«En nuestro tiempo una de las prioridades pastorales es sin duda formar rectamente la conciencia de los creyentes [...]. A la formación de las conciencias contribuyen múltiples y valiosos instrumentos espirituales y pastorales que es preciso valorar cada vez más; entre ellos hoy me limito a señalar brevemente la catequesis, la predicación, la homilía, la dirección espiritual, el sacramento de la Reconciliación y la celebración de la Eucaristía» *(Discurso,* 12-III-2009).

Deformación y degradación de la conciencia personal

Como todas las grandes realidades humanas, también la conciencia moral es capaz de sufrir profundas deformaciones y aun corrupciones. Las causas son múltiples. Es cierto que todas ellas tienen origen en la mala formación inicial, pero aun la conciencia recta puede con el tiempo degradarse por diversas causas. Las más frecuentes son las mencionadas en el *Catecismo de la Iglesia Católica:*

«El desconocimiento de Cristo y de su Evangelio, los malos ejemplos recibidos de otros, la servidumbre de las pasiones, la pretensión de una mal entendida autonomía de la conciencia, el rechazo de la autoridad de la Iglesia y de su enseñanza, la falta de conversión y de caridad pueden conducir a desviaciones del juicio en la conducta moral» *(CEC,* 1792).

Esos riesgos de deformación de la conciencia —con el consiguiente deterioro y degradación de la conducta personal— demandan de cada hombre, especialmente del cristiano, un cuidado de la conducta individual. Asimismo reclaman que se preste la atención debida a los medios de formación de la propia conciencia a lo largo de toda la vida.

En la práctica, para que la conciencia no se vaya degradando progresivamente, un medio adecuado es conocer y ser fiel a la doctrina que de continuo propone el Magisterio de la Iglesia. Como enseña la Encíclica *Veritatis splendor:*

> «Los cristianos, al formar su conciencia, deben atender con diligencia a la doctrina cierta y sagrada de la Iglesia... La Iglesia se pone solo y siempre al servicio de la conciencia, ayudándola a no ser zarandeada aquí y allá por cualquier viento de doctrina según el engaño de los hombres (cfr. *Ef* 4, 14), a no desviarse de la verdad sobre el bien del hombre, sino a alcanzar con seguridad, especialmente en las cuestiones más difíciles, la verdad y a mantenerse en ella» *(VS,* 64).

Si como decíamos, en la conciencia se refleja la dignidad de la persona, nada hay que reclame más su cuidado y atención que la propia conciencia, de forma que actúe siempre conforme a los postulados de la vida moral. Es cierto que en algunas circunstancias la persona se encuentra ante situaciones difíciles que invitan al heroísmo. Pero esas circunstancias costosas se vencen cuando se ha sido fiel en las decisiones normales de la vida.

En ocasiones tampoco es fácil decidir en esas situaciones más normales, pues no siempre es posible discernir lo que se debe hacer. En estas circunstancias, conviene consultar y orar, y en todo caso se debe hacer uso de la virtud de la prudencia. Existen además unos principios genéricos que indican la ruta por donde debe guiarse la decisión de la conciencia. El *Catecismo de la Iglesia Católica,* señala los siguientes:

> «En todos los casos son aplicables algunas reglas:
>
> - Nunca está permitido hacer el mal para obtener el bien.
> - La «regla de oro»: «Todo [...] cuanto queráis que os hagan los hombres, hacédselo también vosotros» *(Mt 7, 12; cfr. Lc 6, 3; Tb 4, 13).*

- La caridad debe actuar siempre con respeto hacia el prójimo y hacia su conciencia [...] "Lo bueno es [...] no hacer cosa que sea para tu hermano ocasión de caída, tropiezo o debilidad" *(Rm 14, 21)» (CEC, 1789)*.

Con estos criterios, una conciencia rectamente formada puede desenvolverse con soltura en la vida diaria y elevará a la persona a la altura a que está destinada por la dignidad que posee y por vocación divina.

A su vez, la conciencia recta es el mejor antídoto contra las deformaciones morales, tales como la conciencia laxa, escrupulosa y perpleja. La conciencia *laxa* estima sin razón suficiente que los actos malos no son pecado o no son graves. La *escrupulosa* considera o teme por motivos débiles que un acto es pecado. Y la *perpleja* no se decide a actuar por temor al pecado, tanto si realiza el acto como si lo omite.

Capítulo VII
LA LEY MORAL

Definición de ley

Existe una definición clásica que se remonta a los viejos autores del Derecho: «Ley es la ordenación de la razón al bien común, promulgada por quien tiene el cuidado de la comunidad».

De esta definición derivan las cualidades que caracterizan a la ley, aplicables también a la ley moral. Son las siguientes:

—Es una «ordenación de la razón», por consiguiente la ley se sitúa en el plano de lo «razonable» en sí mismo y no depende de la voluntad del legislador. Con el término «razón» se eliminan los rastros «voluntaristas» que algunos pretenden aplicar al ámbito de la ley. También se niega cualquier atisbo de arbitrariedad del que la promulga o del que la acata. Ambos se deben guiar por lo que es *razonable*, lo cual lo será en la medida en que protege valores intrínsecos a la persona o la recta convivencia ciudadana.

—«Ordenación al bien común», es decir la ley está destinada a crear un ambiente social en el que se favorezca el *bien común*, el cual no representa la suma de los bienes particulares, sino aquella situación social que posibilita que el conjunto de los individuos, las familias y otras instituciones intermedias alcancen la perfección debida.

—Para que adquiera carácter de norma que vincule, la ley debe ser establecida por quien tiene autoridad para ello en la comunidad. De ahí que solo el legítimo «superior» tenga capacidad para emitir leyes que obliguen a los súbditos.

—La ley adquiere carácter vinculante cuando es «promulgada», es decir cuando se da a conocer a los individuos por el medio oficial, que en el caso español es el BOE. Las leyes universales de la Iglesia se promulgan en el Boletín Oficial *Acta Apostolicae Sedis* (*CIC,* c. 8). Hasta su promulgación —y cumplido el tiempo de la *vacatio legis*—, la ley no obliga.

A la vista de estos elementos que la configuran, no deja de admirar la *grandeza de la ley*, pues coloca al individuo en un estado de derecho en la convivencia con los demás ciudadanos. Solo la ley puede armonizar la dignidad singular del individuo y la socialidad inherente al ser de la persona. Y solo junto a la ley, el individuo se siente protegido en el ejercicio de sus derechos, así como se le aclara y facilita el modo de cumplir sus correspondientes deberes frente a los demás.

Condiciones de la ley

Por definición, la ley debe tener una serie de cualidades que la legitimen como tal. De lo contrario, no puede vincular la conciencia de los súbditos. Pues bien, para que una ley sea vinculante debe reunir los siguientes requisitos:

a) Debe ser justa. Lo preceptuado o condenado por la ley ha de ser «justo», o sea que proteja los derechos de los ciudadanos y facilite el cumplimiento de los respectivos deberes.

b) Debe ordenar el bien. Se requiere que lo «mandado» por la ley sea bueno, o al menos, indiferente. No cabe que una ley impere el mal. La ley que prescribe el mal moral, bien sea para el individuo o para el bien común, sería injusta, o mejor no sería ley.

c) Debe legislar lo necesario. El contenido de la ley debe ser algo necesario —o al menos, útil— para los individuos y la colectividad. La ley no pretende obligar a los súbditos a cosas banales que no tienen importancia para la convivencia.

d) Debe legislar lo realizable. Finalmente, la ley tiene fuerza de tal cuando legisla sobre algo que se puede cumplir. Cuando lo mandado resulta imposible —o difícil en extremo— de cumplir, la ley pierde la naturaleza de norma.

Si no reúne estas cualidades, la ley carece de legitimidad y, por lo tanto, no existe la obligación de cumplirla, pues en ella se verifica el viejo aforismo: «lex injusta nulla lex» *(la ley injusta no es ley)*; es decir, el súbdito ni se siente vinculado ni está obligado a cumplirla, simplemente, porque no es ley.

Clases de leyes

También es clásica la división de la ley. Los manuales de Teología Moral distinguen distintos tipos de ley; cabe reducirlas a tres: *eterna, natural* y *positiva.* Ésta se divide en *divina* y *humana* según que el legislador sea Dios o un hombre.

A su vez, la ley humana distingue la *eclesiástica* y la *civil,* en dependencia de que haya sido promulgada por la jerarquía eclesiástica o por el poder civil.

Además, para la Teología Moral tiene una especial importancia la llamada «ley nueva» o «ley del Espíritu» o «ley del Evangelio».

La diversidad de nombres de esa ley que regula la conducta cristiana indica por sí la importancia que tiene esta «ley nueva» en el comportamiento del bautizado.

Ley eterna

San Agustín y Santo Tomás la definen así: «Es la razón o la voluntad de Dios que manda conservar el orden natural y prohíbe perturbarlo».

La «ley eterna» es un concepto cristiano, parte de que Dios, creador el universo, no lo ha dejado al arbitrio de fuerzas caóticas, sino que goza de un orden perfecto que el hombre no puede perturbar. Los no creyentes pueden llamarle «orden cósmico». En todo caso, no es posible desconocer ese orden universal (incluso en la teoría del «caos cósmico»), que rige tanto el macro como el microcosmos. Ello constituye frecuentemente la admiración de los científicos.

La Declaración sobre libertad religiosa, *Dignitatis humanae,* del Concilio Vaticano II expresa la ley eterna en los siguientes términos:

> «La ley suprema de la vida humana es la misma ley divina, eterna, objetiva y universal, por la cual Dios ordena, dirige y gobierna, con el designio de su sabiduría y de su amor, el mundo y los caminos de la comunidad humana, según el designio de su sabiduría y de su amor. Dios hace al hombre partícipe de esta ley suya, de modo que el hombre, según ha dispuesto suavemente la Providencia divina, pueda conocer cada vez más la verdad inmutable» *(DH, 3).*

Ley natural

Se define tradicionalmente por los teólogos como «la participación de la ley eterna en la criatura racional».

La «ley natural» es la ley propia del ser humano: de todos los hombres y de todo el hombre, en cuanto es un ser inteligente y libre. Por ello no ha de entenderse como la ley eterna referida a la materia o a los animales. La «ley natural» tampoco es una ley ni física ni biológica aplicada al hombre, tal como rigen las leyes físicas en la materia o las biológicas en los seres vivos. Es una ley radicalmente humana. Por ello Tomás de Aquino la describe en estos términos:

> «La criatura racional entre todas las demás está sometida a la divina Providencia de una manera especial, ya que se hace partícipe de esa providencia, siendo providente sobre sí y para los demás. Participa, pues, de la razón eterna; ésta le inclina naturalmente a la acción y al fin debido. Y semejante participación de la ley eterna en la criatura racional se llama ley natural» *(Sum. Th.* II-II, q. 91, a. 2).

Es un dato constatado que existe confusión en determinados ambientes acerca del sentido de la ley natural, más aún, no pocos filósofos y juristas la niegan. Algunos moralistas la acusan de cierta paridad con la ley física o fisiológica: sería el correlativo al hombre de la ley de la materia o de la vida. Caso de que haya habido alguna parcial comprensión, se impone una explicación *adecuada* de cómo el Magisterio interpreta la ley natural. Ésta es la descripción que de ella hace la Encíclica *Veritatis splendor:*

> «Dios provee a los hombres de manera diversa respecto de los demás seres que no son personas: no "desde fuera", mediante las leyes inmutables de la naturaleza física, sino "desde dentro", mediante la razón que, conociendo con la luz natural la ley eterna de Dios, es por esto mismo capaz de indicar al hombre la justa dirección de su libre situación» *(VS,* 43).

La ley natural es, pues, la ley de la persona, en cuanto es ser racional y libre. Por lo que el punto de referencia no es la ley física de los minerales ni la ley biológica de las plantas y de los animales, sino una ley propia escrita por Dios en la naturaleza del hombre y de la mujer que les permite conocer el bien y el mal. Y es que la naturaleza humana no se reduce a elementos físicos ni químicos —aunque también se integran en el hombre—, sino que es la naturaleza propia de un ser espiritual. O como se expresa la Encíclica *Veritatis splendor:*

> «Es así como se puede comprender el verdadero significado de la ley natural, la cual se refiere a la naturaleza propia originaria del hombre, a la "naturaleza de la persona humana", que *es la persona misma en la unidad de alma y cuerpo*; en la unidad de sus inclinaciones de orden espiritual y biológico, así como en todas las demás características específicas, necesarias para alcanzar su fin... Esa ley no puede entenderse como una normatividad simplemente biológica, sino que ha de ser concebida como el orden racional por el que el hombre es llamado por el Creador a dirigir y regular su vida y sus actos y, más concretamente, a usar y disponer del propio cuerpo» *(VS*, 50).

Por tanto la ley natural no es otra cosa que la luz de la inteligencia infundida por Dios en la naturaleza racional. La ley que es una expresión de la sabiduría divina.

La ley natural en la tradición ética

Pero la «ley natural» no es exclusiva de la Teología Moral, sino que es patrimonio de todas las culturas. Por ejemplo, la literatura griega se inicia con la afirmación de esta ley. Los autores suelen citar un texto de Sófocles, con el que, más tarde, le valdrá a Antígona el título de «heroína de la ley natural», pues, frente a la ley positiva del rey, que le prohíbe dar sepultura al cuerpo de su hermano, apela a la ley natural que está por encima de la ley del rey, su tío:

«No creo que vuestras leyes tengan tanta fuerza que hagan prevalecer la voluntad de un hombre sobre la de los dioses, sobre estas leyes no escritas e inmortales; éstas no son de ayer, son de siempre. ¿Acaso podré por consideración a un hombre, negarme a obedecer a los dioses» (SÓFOCLES, *Antígona*, vv. 452-457).

Posteriormente, el pensamiento jurídico romano tiene a la vista la ley natural, tal como la ensalza en el siguiente texto el filósofo y jurista Cicerón:

«Ciertamente existe una ley verdadera, de acuerdo con la naturaleza, conocida de todos, constante y sempiterna... A esta ley no es lícito ni arrogarle ni derogarle algo, ni tampoco eliminarla por completo. No podemos disolverla por medio del Senado o del pueblo. Tampoco hay que buscar otro comentador o intérprete de ella. No existe una ley en Roma, otra en Atenas, otra ahora, otra en el porvenir; sino una misma ley, eterna e inmutable, sujeta a toda la humanidad en todo tiempo, y hay un solo Dios común maestro y señor de todos, autor, sancionador, promulgador de esta ley. Quien no la guarda, se traiciona a sí mismo y ultraja la naturaleza humana, y por ello sufre máximas penas, aunque crea escapar de los suplicios» *(De Republica*, III, 22-23).

No es posible recorrer aquí detalladamente la historia posterior de este concepto, baste citar este texto del filósofo alemán Kant, que tanta importancia concedió a la doctrina y a la vida moral:

«Dos cosas llenan el ánimo de admiración y respeto, siempre nuevos y crecientes, cuanto con más frecuencia y aplicación se ocupa de ellas la reflexión: *el cielo estrellado sobre mí y la ley moral en mí*. Ambas cosas no he de buscarlas y como conjeturarlas... Ante mi las veo, las enlazo inmediatamente con la conciencia de mi existencia. La primera empieza en el lugar que yo ocupo en el mundo exterior sensible... La segunda empieza en mi invisible yo, en mi personalidad, y me expone en un mundo que tiene verdadera infinidad, pero solo penetrable por el entendimiento» *(Crítica de la Razón Práctica.* II, final).

También la tradición cristiana abunda en afirmaciones en torno a esta ley. Aquí aportamos, a modo de ejemplo, solamente dos testimonios: Tertuliano y San Gregorio Magno:

> «El hombre es el único entre todos los seres animados que puede gloriarse de haber sido digno de recibir de Dios una ley: Animal dotado de razón, capaz de comprender, de discernir y de regular su conducta disponiendo de su libertad y de su razón, en la sumisión al que le ha entregado todo» (TERTULIANO, *Contra Marción,* II, 4).

> «El Creador Todopoderoso hizo al hombre un ser razonable, radicalmente distinto de los que carecen de inteligencia. Por eso, el hombre no puede ignorar lo que hace, pues por la ley natural está obligado a saber si sus obras son buenas o malas... En consecuencia, los mismos que niegan conocer los preceptos divinos, tienen instrucción suficiente sobre sus actos. De lo contrario ¿por qué se avergüenzan de sus malas acciones?» (S. GREGORIO MAGNO, *Moralia in Job,* XXVII, 25).

De acuerdo con la Tradición, el Magisterio de la Iglesia ha reiterado esta doctrina. He aquí algunos ejemplos de los últimos Documentos magisteriales:

> «En lo más profundo de su conciencia descubre el hombre la existencia de una ley que él no se dicta a sí mismo, pero a la cual debe obedecer, y cuya voz resuena, cuando es necesario, en los oídos de su corazón, advirtiéndole que debe amar y practicar el bien y que debe evitar el

mal: haz esto, evita aquello. Porque el hombre tiene una ley escrita por Dios en su corazón, en cuya obediencia consiste la dignidad humana y por la cual será juzgado personalmente» *(GS*, 16).

«Todo esto se hace más evidente cuando se considera que la norma suprema de la vida humana es la propia ley divina, eterna, objetiva y universal, por la que Dios ordena, dirige y gobierna el mundo universal y los caminos de la comunidad humana según el designio de su sabiduría y de su amor. Dios hace partícipe al hombre de esta ley, de tal manera que el hombre, por suave disposición de la divina providencia, puede conocer cada vez la verdad inmutable... El hombre percibe y conoce por medio de su conciencia los dictámenes de la ley divina» *(DH*, 3).

«Ningún fiel querrá negar que corresponde al Magisterio de la Iglesia el interpretar también la ley moral natural. Es en efecto incontrovertible —como tantas veces han declarado nuestros predecesores— que Jesucristo, al comunicar a Pedro y a los Apóstoles su autoridad divina y al enviarlos a enseñar a todas las gentes sus mandamientos, los constituía en custodios y en intérpretes auténticos de toda ley moral, es decir, no solo de la ley evangélica, sino también de la ley natural, expresión de la voluntad de Dios, cuyo cumplimiento fiel es igualmente necesario para salvarse». *(HV*, 4).

Finalmente, es preciso subrayar que, después de la profunda huella que la ley natural dejó en la configuración del derecho, no pocos filósofos y juristas vuelven de nuevo al derecho natural como fundamento de todo derecho. He aquí un testimonio argumentado de un conocido jurista de nuestro tiempo:

«Pese a las dificultades, hay un denominador común. Toda concepción del derecho natural tiende a sustraer del puro arbitrio individual o convenciones los criterios bási-

cos reguladores de las relaciones de convivencia entre los hombres, buscando la justicia como expresión ontológico-metafísica del ser, como expresión lógica de la razón o como expresión ética del bien. El problema del derecho natural no es el meramente teorético de los juristas y los filósofos [...] sino el problema, profundamente ontológico y social, de que, habiendo un derecho prefigurado por la naturaleza o encarnado en el hombre, su realización en la práctica es irremisiblemente una cuestión pendiente. El pensamiento del derecho natural [...] se manifiesta en tres puntos principales:
1. La posibilidad de adoptar una posición crítica respecto a los derechos positivos.
2. Mantener la esperanza abierta hacia un derecho justo.
3. Y erigir en centro de la protección jurídica la persona» (A. HERNÁNDEZ GIL, *De nuevo sobre el derecho natural,* «Persona y Derecho» 12 (1985) 65).

Estos datos merecen una conclusión: la Teología Moral precisa recuperar la ley natural, pero bien interpretada, libre de elementos fisicalistas y de biologismos. También será necesario no caer en el «naturalismo» que caracterizó a la ciencia moral más reciente, pues el punto de referencia de la moral católica no es solo la ley natural, sino sobre todo el seguimiento y la imitación de Jesucristo.

Pero una Teología Moral que no tenga en cuenta los postulados de la ley natural acusará siempre un déficit que no es fácil suplir ni siquiera con datos bíblicos, dado que en la ley natural se lleva a cabo el encuentro entre la antropología y la metafísica, indispensable para elaborar científicamente una moral de la persona humana. Como escribe Juan Pablo II:

«Negar que existen normas de tal valor solo puede hacerlo quien niega que existe una verdad de la persona, una naturaleza inmutable del hombre, radicalmente fundada sobre aquella Sabiduría creadora que da medida a toda realidad. Por tanto, es necesario que la reflexión ética se fundamente cada vez con más profundidad en una verdadera antropología y que ésta se apoye en aquella metafísica de la creación que está en el centro de todo pensar cristiano. La crisis de la ética es la prueba más evidente de la crisis de la antropología, crisis originada a su vez por el rechazo de un pensamiento verdaderamente metafísico. Separar estos tres momentos —el ético, el antropológico y el metafísico— es un gravísimo error. Y la historia de la cultura lo ha demostrado trágicamente» (*Discurso al Congreso Internacional de Moral*, 11-IV-1986).

Finalmente, el papa Benedicto XVI reiteraba en sus enseñanzas la necesidad de recuperar la existencia de la ley natural, encomiaba su naturaleza y se detenía en especificar las exigencias éticas que en ella se implican. Entre las numerosas llamadas de Benedicto XVI acerca de la importancia de la ley natural en el ámbito de la filosofía y de la teología moral, baste citar este breve testimonio:

«Aparece en toda su urgencia la necesidad de reflexionar sobre el tema de la ley natural y de redescubrir su verdad común a todos los hombres. Esa ley, a la que alude también el apóstol san Pablo (cf. Rom 2,14-15), está escrita en el corazón del hombre y, en consecuencia, también hoy resulta simplemente inaccesible. Esta ley tiene como principio primera y generalísimo: "hacer el bien y evitar el mal". Esta es una verdad cuya evidencia se impone inmediatamente a cada uno. De ella brotan los demás principios más particulares, que regulan el juicio ético sobre los derechos y deberes de cada uno» *(Discurso* 12-II-2006).

Ley positiva

Se entiende por «ley positiva» la que es promulgada por un legislador concreto que goza de autoridad para legislar. Se divide en «divina» y «humana», y ésta, a su vez, en «eclesiástica» y «civil».

1. Ley divina. Es la que tiene a Dios por autor. Leyes divinas son los Diez mandamientos en el A.T. y el precepto del amor en el N.T.

2. Ley eclesiástica. Es la que tiene por legislador a la Jerarquía de la Iglesia. Es el caso de muchas leyes que regulan el matrimonio y, en conjunto, las leyes que se recopilan en el Código de Derecho Canónico.

3. Ley civil. Es la legislada por la autoridad pública legítimamente constituida. Ejemplo son las leyes fiscales y el conjunto de normas jurídicas que se recogen en los Códigos de los distintos Estados.

Todas las leyes positivas deben tener en cuenta las exigencias de la ley eterna y de la ley natural. Ninguna ley positiva debe conculcarlas. En muchas ocasiones, las leyes positivas, tanto la divina como la eclesiástica, son explicitaciones y aplicaciones de la ley natural. Esto vale también para la ley civil.

Sin embargo la convivencia ciudadana contiene otro cúmulo de normativas legales que no tienen que ver directamente con la ley natural, pues legislan aspectos secundarios de la vida social independientes de la ley natural, si bien en ningún caso pueden ir contra ella. El *Catecismo de la Iglesia Católica* enseña:

> «La ley natural, obra maravillosa del Creador, proporciona los fundamentos sólidos sobre los que el hombre puede construir el edificio de las normas que guían sus decisiones. Establece también la base moral indispensable para la edificación de la comunidad de los hombres.

Finalmente proporciona la base necesaria a la ley civil que se adhiere a ella, bien mediante una reflexión que extrae las conclusiones de sus principios, bien mediante adiciones de naturaleza positiva y jurídica» *(CEC, 1959)*.

Ley nueva o ley del Evangelio

La «nueva ley» consiste principalmente en la gracia del Espíritu Santo, que nos llega a través de Cristo, y nos mueve a obrar según la luz de la fe que opera por la caridad. Esta ley es una guía intrínseca y activa de nuestros actos. Pero también es «ley externa» que se contiene en la Sagrada Escritura y en la Tradición. La «nueva ley» confirma la ley natural y contiene nuevas enseñanzas y preceptos referentes a la gracia y a la vida nueva que instaura el Bautismo.

Esta ley es propia y específica de la moral cristiana. La razón última de esta exclusividad tiene origen en el ser nuevo del bautizado. En efecto, a partir del principio de interrelación mutua entre antropología y moral, dado que el Bautismo comunica al creyente la «nueva vida en Cristo», es claro que la existencia cristiana debe guiarse por una ley que oriente la nueva vida espiritual, según declara el Evangelio. De ahí los nombres de «ley nueva», «ley del Espíritu» o «ley del Evangelio», junto a otros títulos con que se la designa.

El contenido de esta ley responde a la obligación que incumbe al cristiano de acomodar su vida a las exigencias éticas del Evangelio, especialmente a las que se recogen en el Sermón de las Bienaventuranzas *(Mt* 5, 17-48 – 6, 1-24) y al mandamiento nuevo del amor *(Jn* 15, 12).

La riqueza moral de esta «ley nueva» es tal, que constituye un filón para la exposición de la Teología Moral, por ello se repite con distinta nomenclatura en el Nuevo Testamento. La Encíclica *Veritatis splendor* recoge diversos textos y sus contenidos:

«La Iglesia recibe como don la *Ley nueva*, que es el "cumplimiento" de la ley de Dios en Jesucristo y en su Espíritu. Es una ley "ìnterior" (cfr. *Jer* 31, 31-33), "escrita no con tinta, sino con el Espíritu de Dios vivo, no en tablas de piedra, sino en tablas de carne, en los corazones" *(2 Cor* 3, 3); una ley de perfección y de libertad (cfr. *2 Cor* 3, 17), es "la ley del espíritu que da la vida en Cristo Jesús" *(Rom* 8, 2)» *(VS*, 45).

Por su parte, el *Catecismo de la Iglesia Católica* explica esa profusión de nombres, que responde a su riqueza de contenido:

«La Ley nueva es llamada *ley del amor*, porque hace obrar por el amor que infunde el Espíritu Santo más que por el temor; *ley de gracia*, porque confiere la fuerza de la gracia para obrar mediante la fe y los sacramentos; *ley de libertad* porque nos libera de las observaciones rituales y jurídicas de la Ley antigua, nos inclina a obrar espontáneamente bajo el impulso de la caridad y nos hace pasar de la condición del siervo "que ignora lo que hace su señor", a la del amigo de Cristo, "porque todo lo que oído a mi Padre os lo he dicho a conocer" *(Jn* 15, 15), o también a la condición de hijo heredero (cfr. *Gal* 4, 1-7, 21-31; *Rom* 8, 15)». *(CEC*, 1972).

El cristiano alcanzará la plenitud de vida moral en la medida en que su *actuar* se adecua a su *ser*. Y el camino es el trazado por esta nueva Ley del Espíritu.

Principios morales en relación con el cumplimiento de las leyes

No es tarea fácil formular los principios morales que deben regir la conducta ética del cristiano. Son muchos, pero cabe resumirlos en el siguiente decálogo.

1. Todos los hombres están sometidos desde su nacimiento a las exigencias de la ley natural, pues según los teóricos, esta ley goza de las siguientes propiedades: es «objetiva», «universal» e «inmutable».

2. En la ley natural se fundamentan los derechos y deberes universales de la persona, que deben ser respetados y protegidos jurídicamente.

3. Las normas que se deducen de la ley natural son vinculantes en conciencia.

4. En la ley natural se distinguen principios «primarios» (no asesinar) y «secundarios» (el derecho de propiedad). Los «primarios» no admiten excepciones.

5. Las exigencias morales de los Diez Mandamientos obligan a todos los hombres, sean o no cristianos. Pero, en cuanto se entienden como «preceptos» o «leyes morales», vinculan solo a los creyentes en el Dios que los promulgó.

6. La Jerarquía de la Iglesia puede dar normas universales que vinculan la conciencia de todos los creyentes.

7. Todos y solos los bautizados, a partir de los siete años y con uso de razón, están obligados a cumplir las leyes de la Iglesia, excepto aquellas que exijan otra edad determinada.

8. Los actos puramente internos solo pueden estar sometidos a la autoridad de la Iglesia.

9. Las leyes civiles justas obligan en conciencia a todos los ciudadanos.

10. Pueden ser objeto de ley civil las acciones externas, y solamente aquellas que, por ejecución u omisión, contribuyen al bien común.

Libertad, conciencia y ley

En los últimos capítulos aparece enunciada la dificultad de armonizar los tres elementos básicos de la moralidad, cuales

145

son: la libertad, la conciencia y la ley. Es claro que todos tres se incluyen mutuamente, pero, cuando no se sabe fijar con rigor el papel de cada uno, es fácil que su integración resulte problemática. Por ello, no es raro que, si se da una respuesta inadecuada, o se aminora el papel de la libertad y la conciencia en favor de la norma, o bien se quita importancia a la ley subordinándola a la acción de la libertad y de la conciencia, surgen problemas que afectan a la comprensión de la ciencia moral. Por ello, conviene dejar constancia de que no existe oposición entre libertad y ley, ni de ésta con la conciencia.

Libertad y ley

Algunos exageran tanto la libertad individual frente a la ley, que aseguran que precisar lo que es «bueno» o «malo» no viene determinado por la ley, sino que es el individuo libre quien crea esos dos calificativos morales. Este error es delatado por la Encíclica *Veritatis splendor* en los siguientes términos:

> «La ley de Dios no atenúa ni elimina la libertad del hombre, al contrario, la garantiza y promueve. Pero [...] algunas tendencias culturales contemporáneas abogan por determinadas orientaciones éticas que tienen como centro de su pensamiento *un pretendido conflicto entre la libertad y la ley*. Son las doctrinas que atribuyen a cada individuo o a los grupos sociales la facultad de decidir sobre el bien y el mal: la libertad humana podría "crear los valores" y gozaría de una primacía sobre la verdad, hasta el punto de que la verdad misma sería considerada una creación de la libertad; lo cual reivindica tal grado de autonomía moral que prácticamente significaría su soberanía absoluta» *(VS, 35)*.

En efecto, la relación libertad y norma no solo no es de oposición, sino que ambas se requieren mutuamente. Si, como hemos dicho, la inteligencia está amenazada por el riesgo de equivocarse y la voluntad puede sucumbir ante la fuerza de las pasiones, la ley es una ayuda necesaria para que el sujeto conozca lo que ha de hacer y se afiance en el bien que le indica la norma.

Asimismo, dado que la libertad humana es una libertad limitada, uno de esos límites viene señalado por la ley, por cuanto advierte al individuo sobre los riesgos que se siguen en el caso de que éste se decida por lo más fácil o lo más útil. En sentido estricto, la ley moral no significa una limitación de la libertad, sino más bien indica al sujeto el camino que ha de seguir para hacer un uso inteligente y lúcido de ella. Al modo como las normas de circulación no coartan la voluntad del conductor, si no que le indican cómo ha de conducirse para llegar sin accidentes al punto de destino, de modo semejante la ley divina no solo no limita la libertad del hombre, sino que le guía para que pueda orientar su existencia por una ruta que le lleve a la salvación.

El papa Benedicto XVI argumenta que, por ejemplo, los Diez Mandamientos más que disminuir la libertad, la alimentan y ensanchan:

> «El Decálogo quiere ser una confirmación de la libertad conquistada. En efecto, los mandamientos, si se les analiza en profundidad, son el instrumento que el Señor nos da para defender nuestra libertad tanto de los condicionamientos internos de las pasiones como de los abusos externos de los maliciosos. Los "no" de los mandamientos son otros tantos "sí" al crecimiento de una libertad auténtica... Por consiguiente, la Ley, más que una imposición, es un don. Más que mandar lo que el hombre debe hacer, quiere manifestar a todos la elección de Dios [...]. El Decálogo es testimonio de un amor de predilección» *(Homilía* 19-III-2006).

Tampoco la relación conciencia-norma se debe interpretar en clave de conflicto. El error más común en nuestro tiempo es valorar tanto la conciencia, que se afirma que prevalece frente a los imperativos de la ley, de modo que no faltan moralistas que defienden una «moral de sola conciencia».

Estos autores acusan a la teología moral anterior de que no ha tenido suficientemente en cuenta el papel de la conciencia, pues, en su opinión, aquellos moralistas la reducían a «una simple aplicación automática de las normas morales generales a cada caso de la vida de la persona», olvidando el papel decisivo de la conciencia en la valoración de sus actos. Si bien este juicio —cuando se constata que ha sido así— podría ser compartido, no obstante, sus detractores exageran el papel de la conciencia, hasta el punto de afirmar que la conciencia crea la *valoración* moral de los actos. Este es el error que condena la Encíclica *Veritatis splendor:*

> «Algunos autores, queriendo poner de relieve el carácter "creativo" de la conciencia, ya no llaman a sus actos con el nombre de "juicios", sino con el de "decisiones". Solo tomando "autónomamente" estas decisiones el hombre podría alcanzar su madurez moral» *(VS,* 55).

Sin duda nos encontramos ante un caso en el que se cumple inexorablemente la ley pendular: a una Teología Moral que exageró la importancia de la norma en menoscabo de la conciencia, le sucede otra que hace predominar la conciencia hasta el punto de disminuir el papel de la norma.

En realidad, conciencia y norma no deben contraponerse, sino que han de integrarse armónicamente. Más aún la conciencia necesita de la norma para decidir rectamente. En primer lugar, como se ha dicho, la conciencia no crea las categorías de bien y de mal, sino que solo las constata. Es decir, la conciencia descubre en la *norma* lo que es bueno o malo, y, seguidamente, hace un juicio de valor de los actos que realiza.

En este sentido, la ley es el «cliché» que mide el bien y el mal. Por su parte, la conciencia hace un juicio práctico en el que deduce que tal acción es buena, pues cumple el contenido de la ley, o, por el contrario, es mala, por cuanto testifica que ese acto no es la ejecución de lo preceptuado por la norma.

En resumen, conciencia y ley se armonizan mutuamente, pues, como enseña la misma Encíclica, la conciencia sigue a la ley divina en cuanto es «*norma universal y objetiva de moralidad*». Los moralistas la califican como «norma objetiva remota».

Pero la conciencia no se muestra pasivamente, sino que hace un juicio práctico sobre la moralidad de sus actos, de acuerdo con lo que dictamina la ley. Su papel es también normativo. Los autores la denominan «norma subjetiva próxima». Por eso, como enseña el *Catecismo de la Iglesia Católica:* «El ser humano debe obedecer siempre el juicio cierto de su conciencia» *(CEC,* 1800). Pues bien, es la ley la que ayuda al hombre a emitir ese «juicio cierto» sobre lo que ha de hacer y debe omitir si quiere llevar una conducta digna de la persona humana.

Capítulo VIII
LAS VIRTUDES

La santidad, plenitud de la vida cristiana

La vida cristiana es el seguimiento y la imitación de la vida de Jesús. En el Bautismo se comunica una nueva vida, pues el cristiano, como enseña el Apóstol San Pedro, «participa de la vida divina» *(2 Ped* 1, 4). Ahora bien, dado que esa vida divina es la vida de Cristo, el cristiano puede decir: «Ya no vivo yo, sino que es Cristo quien vive en mí» *(Gál* 2, 20). En consecuencia, el bautizado no solo ha de «imitar» a Jesucristo, sino que debe «identificar» su existencia con la de Él. «Identificarse» no es solo un paso más en la vida moral, sino que marca la cima de la santidad. El Papa Juan Pablo II en la Encíclica *Veritatis splendor* escribe:

> «No se trata solamente de escuchar una enseñanza y de cumplir un mandamiento, sino de algo mucho más radical: *adherirse a la persona misma de Jesús,* compartir su vida y su destino, participar en la obediencia libre y amorosa a la voluntad del Padre. El discípulo de Jesús, siguiendo, mediante la adhesión por la fe, a aquél que es la

Sabiduría encarnada, se hace verdaderamente *discípulo de Dios*» *(VS, 19)*.

Pero la Encíclica especifica aún con más detalle lo que ha de representar para el cristiano «identificarse con Cristo»; se trata de *configurar su vida* con la de Él. La Encíclica lo expresa en estos términos:

> «*Seguir a Cristo* no es una imitación exterior, porque afecta al hombre en su interioridad más profunda. Ser discípulo de Jesús significa *hacerse conforme a Él,* que se hizo servidor de todos hasta el don de sí mismo en la cruz. Mediante la fe, Cristo habita en el corazón del creyente, el discípulo se asemeja a su Señor y se configura con Él, lo cual es *fruto de la gracia,* de la presencia operante del Espíritu Santo en nosotros» *(VS, 21)*.

Esta vocación divina a identificarse con Cristo y vivir su vida es tan real —si bien no es natural, sino sobrenatural —, que el Papa recoge estas palabras que San Agustín dirigió a los recién bautizados: «Felicitémonos y demos gracias: hemos llegado a ser no solamente cristianos, sino el propio Cristo. Admiraos y regocijaos: ¡hemos sido hechos Cristo!» *(VS, 21)*.

En consecuencia, la primera página de un tratado de moral cristiana es la vida histórica de Jesús de Nazaret, pues Él es el prototipo de hombre, por lo que, si se busca un modelo de existencia digno de la persona, éste ha de ser la vida de Jesucristo. El mismo Jesús se propuso como modelo: «ejemplo os he dado, para que vosotros hagáis como yo he hecho» *(Jn 13, 15)*. Y San Pedro recuerda al cristiano que «Él nos ha dejado un ejemplo, por eso debemos seguir sus pasos» *(1 Ped 2, 21)*. De ahí que San Juan propone que los creyentes «debemos andar como Él anduvo» *(1 Jn 2, 6)*.

En consecuencia, la moral cristiana puede comunicar a la ciencia ética que la persona y la vida de Jesucristo es el prototipo de existencia. El modelo que el cristiano propone a la humanidad es imitar la vida de Jesús, imitarle hasta el punto de identificarse con Él. «Seguir a Cristo: este es el secreto. Acompañarle tan de cerca, que con Él nos identifiquemos [...]. Se refleja el Señor en nuestra conducta, como en un espejo. Si el espejo es como debe ser, recogerá el semblante amabilísimo de nuestro Salvador sin desfigurarlo, sin caricaturas: y los demás tendrán la posibilidad de admirarlo, de seguirlo» (San Josemaría Escrivá, *Amigos de Dios*, n. 299).

Identificarse con Cristo por medio de las virtudes

Para identificarse con Jesucristo se necesita la acción del Espíritu Santo. Las simples fuerzas del hombre son incapaces de elevarle a esa cima tan alta, pues debe «cristificar» todo su ser: la identificación abarca los distintos ámbitos del ser espiritual, en concreto la *razón*, la *voluntad* y la vida *afectivo-sentimental*.

Según la doctrina del NT, el cristiano ha de *pensar* como Cristo *(1 Cor 2, 16)*, *querer* como Cristo *(Ef 3, 17; Fil 4, 7)* y tener sus mismos *sentimientos (Fil 2, 5)*. El final de este proceso de santificación lo señala San Pablo en la carta a los Gálatas cuando propone que el creyente debe identificase con Cristo, hasta el punto que pueda decir: «Ya no vivo yo, sino que es Cristo quien vive en mí» *(Gál 2, 20)*.

Pero, a la acción del Espíritu Santo, el cristiano debe responder ejercitándose en una serie de actos que le faciliten remontarse a la altura que marca esa vida nueva. Tal cooperación del creyente ha de ser persistente, no se reduce a un tiempo determinado, menos aún se limita a actos aislados, sino que se precisa una actitud larga y continuada de lucha ascética. Es decir, la cooperación humana a la acción del Espíritu Santo ha de ser habitual, o sea que cree hábitos en el sujeto. Pues bien, esta disposición constante recibe en la Teología Moral el nombre de «virtud». En efecto, la «virtud» es un hábito que facilita al hombre el buen obrar.

La necesidad de practicar las virtudes ya fue puesta de relieve por los filósofos griegos. Frente a la doctrina de Platón que pensaba que para ser buen ciudadano era suficiente «conocer» lo que era bueno o malo, Aristóteles añadió que no bastaba con tener la «idea de bien», sino que era preciso ponerla por obra. Y añadía que tampoco bastaba con llevar a cabo acciones buenas más o menos puntuales, sino que era precisa «una repetición de actos», con el fin de que el sujeto adquiriese «hábitos del buen obrar», lo cual ejemplificó con esta sentencia que pasó a la historia: «una golondrina no hace verano».

Pues bien, cuando Tomás de Aquino estructuró el tratado teológico de la Moral, siguió el modelo de la virtudes diseñado por Aristóteles. Pero sobre el esquema moral aristotélico, Santo Tomás articuló el conjunto de nuevas virtudes cristianas que se encuentran formuladas o supuestas en la Biblia y que se habían vivido en la larga tradición de la Iglesia. Al estudio de las virtudes dedica Santo Tomás la parte más extensa de la *Suma Teológica;* en conjunto, les dedica 189 cuestiones de la II-II.

Definición, importancia y división de la virtud

Definición

Existen varias definiciones de «virtud». Cabe mencionar las dos siguientes:

—«La virtud es una disposición habitual y firme a hacer el bien».

—«La virtud es un hábito operativo bueno».

El concepto de *virtud* entraña dos cosas: un «hábito» y, por tanto, una constante disposición para ejercer el bien. Además de la perseverancia en practicar el bien moral, se requiere que ese hábito sea sólido, «firme». Virtud no es igual que «costumbre», pues ésta puede ser rutinaria —es un mero reflejo corporal o psíquico—, mientras que la virtud es buscada y, en adquirirla, se vuelca la persona entera. Además, mientras la costumbre se repite de modo casi mecánico, la virtud, por el contrario, empeña a la persona en cada acción.

De este modo, el hombre se perfecciona en la adquisición de las virtudes, pues exige de él una tenacidad en practicar el bien, en lo cual compromete toda su vida.

> «La virtud permite a la persona no solo *realizar* actos buenos, sino dar lo mejor de sí misma. Con todas las fuerzas sensibles y espirituales, la persona tiende hacia el bien y lo elige a través de acciones concretas» *(CEC, 1803)*.

La «virtud» perfecciona a la persona pues exige de ella el esfuerzo por alcanzar su plenitud. De aquí que el mismo concepto de «virtud» entraña la *fortaleza*, pues tanto el término latino «virtus» (derivado de *vis —fuerza; vir— varón:* parece que el término «virtud» procede de ambas palabras), como el vocablo griego «areté» con que se la designa, significa *fuerza*, que incluye también *fortaleza*.

El «hábito operativo» que define a la virtud se distingue del «hábito entitativo», que es propio de la naturaleza y en ella reside, por lo que no es adquisición del hombre. Según algunos autores, se considera «entitativo», por ejemplo, el estado habitual de buena salud de un sujeto. Sin embargo, los «hábitos entitativos», propiamente, se reservan para la gracia santificante. Por ello, en el ámbito sobrenatural, la «gracia» se define como un hábito entitativo, si bien solo lo es en sentido analógico respecto a los hábitos entitativos naturales.

La *virtud* se distingue del *vicio*, que se define como «un hábito operativo malo». También el *vicio* supone un «hábito» en el mal obrar. De ahí que, para calificar a uno de «vicioso», no basta con que el individuo realice actos malos, se requiere que tenga el «hábito» adquirido de practicar el mal. Mientras el virtuoso tiene hábitos buenos de actuar, el vicioso está ya habituado a hacer el mal.

Importancia

La adquisición y la práctica de la virtud juega un papel decisivo en la vida moral. Entre otras, estas son la razones que justifican y postulan la consecución de las virtudes:

Primero, porque la virtud supone en el sujeto una disposición consciente y elegida de practicar el bien. Cuando el cristiano decide emprender el camino de las virtudes hace una *opción fundamental* por Dios y en esa opción empeña toda su vida. Es aquí donde cabe plantear el sentido y el valor de la «opción fundamental» en la Teología Moral.

Segundo, porque a quien se decide por la práctica de la virtud, le resulta más fácil alcanzar una existencia cristiana, pues los hábitos adquiridos facilitan la adquisición del bien en todos sus actos, dado que, tal como se suele afirmar, esos hábitos son semejantes a una «segunda naturaleza». El hombre tiene más facilidad para hacer el bien.

Tercero, porque facilita el ejercicio de la libertad, pues habituada a elegir el bien, la libertad del individuo está más alejada de las pasiones que oscurecen la inteligencia y dificultan la recta elección. La práctica continua del bien aumenta la libertad del sujeto.

Cuarto, porque impide que la persona se deje llevar por la espontaneidad, que en ocasiones le hace actuar instintivamente como los animales. Es sabido que el animal no tiene hábitos, sino que se rige por los actos instintivos —siempre iguales— de cada momento.

Quinto, porque ayudan a la persona a adquirir la perfección que le corresponde, pues, como se sabe, las virtudes no hacen más que desarrollar esas inclinaciones profundas del ser humano hacia el bien. De este modo, la virtud es como un encuentro del hombre consigo mismo y, consecuentemente, con Dios.

Sexto, porque, cuando el cristiano tiene la debilidad de incurrir en una acción contraria a dicha virtud, el pecado cometido tiene mucho de flaqueza, lo que le distancia de la carga de malicia que pone el hombre vicioso cuando cae en ese mismo acto inmoral.

Además, la práctica de la virtud es la que garantiza que esa *opción fundamental* que se ha hecho por Dios sea auténtica: es su aval. Más aún, es la señal de que tal opción es verdadera y eficaz, dado que muestra que tal determinación por Dios no es un simple deseo, ni tampoco una buena voluntad, sino el compromiso —garantizado por la praxis habitual y constante de actos buenos— de que la persona se ha decidido seriamente por llevar a cabo el programa moral cristiano.

Finalmente, la práctica de la virtud causa en el creyente una especial atmósfera de bondad y de altura ética, pues le introduce de lleno en la densidad de aquel tipo de existencia en el que se dan cita el conjunto de los valores morales. Este estado lo describe San Pablo cuando aconseja a los cristianos que practiquen todas las virtudes, y, a este respecto, recopila el siguiente catálogo:

«Vosotros, pues, como elegidos de Dios, santos y amados, revestíos de entrañas de misericordia, bondad, humildad, mansedumbre, longanimidad, soportándoos mutuamente siempre que alguno diere a otro motivo de queja... Y la paz de Cristo reine en vuestros corazones» *(Col* 3, 12-15).

Y en la carta a los cristianos de Filipos, San Pablo les anima a que aspiren a todo lo bueno, lo cual, a su vez, responde a una amplia lista de virtudes:

«Por lo demás, hermanos, atended a cuanto hay de verdadero, de honorable, de justo, de puro, de amable, de laudable, de virtuoso y de digno de alabanza; a eso estad atentos y practicad lo que habéis aprendido y recibido y habéis oído y visto en mí, y el Dios de la paz será con vosotros» *(Fil 4, 8).*

Es claro que la atmósfera ética a la que apuntan estos dos textos de San Pablo es el ideal para que se desarrolle una vida auténticamente cristiana. Y es de admirar esa altura moral que señala el Apóstol frente a la corrupción de las costumbres de aquel tiempo.

División de virtud

Los autores han hecho una clasificación muy amplia de virtudes. Por ejemplo, Tomás de Aquino llega a enumerar hasta 46 virtudes. Las múltiples divisiones de los manuales cabría reducirlas a esta doble agrupación:

—*Virtudes naturales* o adquiridas, llamadas también «virtudes humanas». A su vez, las virtudes naturales suelen dividirse en «intelectuales», tales como la ciencia, la sabiduría o el arte y «morales», en las que se integran estas cuatro virtudes clásicas: prudencia, justicia, fortaleza y templanza, las cuales también se denominan «virtudes cardinales».

—*Virtudes sobrenaturales.* Se denominan también infusas, por cuanto no se adquieren mediante el esfuerzo humano, sino que son dadas por Dios. Son las llamadas virtudes teologales: fe, esperanza y caridad. A estas tres virtudes será preciso añadir los dones del Espíritu Santo, infundidos también por Dios en el alma del justo.

Este esquema es más escolástico que cristiano, de ahí que en él no se incluyan otras virtudes netamente cristianas, cuales son la humildad, la sinceridad, la lealtad, la laboriosidad, la penitencia y la religión, entendida como culto a Dios en la liturgia, especialmente en los Sacramentos, cuya cumbre es la Eucaristía.

De todas estas virtudes, aquí nos referiremos al catálogo más común, tal como lo expone el *Catecismo de la Iglesia Católica*. Según ese esquema, cabe hacer una división tripartita: virtudes humanas en general, virtudes cardinales (también son *humanas*) y virtudes teologales.

a) Virtudes humanas

Las virtudes humanas se denominan también «adquiridas», pues se adquieren mediante el esfuerzo humano, siempre bajo el impulso de la ayuda divina. El hombre y la mujer son capaces de producir acciones moralmente buenas mediante el esfuerzo que ponen en obrar de un modo éticamente correcto. El *Catecismo de la Iglesia Católica* describe así estas virtudes:

> «Las *virtudes humanas* son actitudes firmes, disposiciones estables, perfecciones habituales del entendimiento y de la voluntad que regulan nuestros actos, ordenan nuestras pasiones y guían nuestra conducta según la razón y la fe. Proporcionan facilidad, dominio y gozo para llevar una vida moralmente buena. El hombre virtuoso es el que practica libremente el bien» *(CEC,* 1804).

Las virtudes humanas son las que, mediante el dominio del instinto, regulan los actos humanos para que sean coherentes con la naturaleza racional de la persona. De este modo, las virtudes humanas consiguen un dominio de la espontaneidad y se convierten en racionales. Al mismo tiempo, el creyente se propone un tipo de existencia de acuerdo con su fe. El resultado es que el hombre de virtudes humanas, además de adquirir un equilibrio, una psicología compacta y una gran personalidad, obra de un modo moralmente correcto y se dispone para recibir las virtudes teologales, porque como enseña San Josemaría Escrivá, «las virtudes humanas componen el fundamento de las sobrenaturales» *(Amigos de Dios,* n. 74).

Y el papa Benedicto XVI afirmaba que es más fácil vivir la fe cuando se asienta sobre las virtudes humanas:

> «La fe se basa precisamente en las virtudes naturales: la honradez, la alegría, la disponibilidad a escuchar al prójimo, la capacidad de perdonar, la generosidad, la bondad, la cordialidad entre las personas. Estas virtudes humanas indican que la fe está realmente presente, que verdaderamente estamos con Cristo» *(Coloquio* 6-VIII-2008).

Las virtudes humanas dan a la persona un equilibrio y una disposición para obrar el bien y evitar el mal, pues iluminan de continuo la inteligencia y fortalecen la voluntad. Pero la virtud no está en esa predisposición, sino en el hábito que impulsa a hacer actos buenos. La virtud evidentemente facilita llevarlos a término.

b) Virtudes cardinales

Estas virtudes se califican de «cardinales» por su importancia en el comportamiento moral, dado que son como el «cardo» o quicio sobre el que se asienta el actuar moral. El origen de su estudio en el cristianismo —si bien son herencia del pensamiento griego— se encuentra en el libro de la Sabiduría:

> «¿Amas la justicia? Las virtudes son sus empeños, pues ella enseña la templanza y la prudencia, la justicia y la fortaleza: lo más provechoso para el hombre en la vida» *(Sab* 8, 7).

El autor sagrado, en medio de un ambiente cultural más griego que semita, enuncia aquí las cuatro clásicas virtudes del pensamiento helénico. Estas cuatro virtudes la teología cristiana posterior las enuncia y estudia bajo el nuevo título de «virtudes cardinales».

—*Prudencia*

A la prudencia se la denomina «auriga virtutum» (*cochero o conductor de las virtudes*), pues indica a las demás virtudes la regla y la medida en que deben practicarse. Santo Tomás la define como «la regla recta de la acción» *(Sum. Th.* II-II, 47, 2). El hombre y la mujer prudentes son los que obran siempre con medida y moderación en sus actos. El *Catecismo de la Iglesia Católica* la define así:

> «La prudencia es la virtud que dispone la razón práctica a discernir en toda circunstancia nuestro verdadero bien y a elegir los medios rectos para realizarlo» *(CEC,* 1806).

La prudencia abarca, pues, tanto el bien que se ha de practicar como los medios aptos para conseguirlo. Por eso, la Biblia afirma que el hombre prudente de continuo «medita sus pasos» *(Prov* 14, 15). De ahí que la virtud de la prudencia facilite al sujeto aplicar a los actos concretos los principios morales que han de regir su conducta.

—*Justicia*

Existe una definición clásica de la justicia, la cual tiene una amplia tradición desde el Derecho Romano: «Justicia es la constante y firme voluntad de dar a cada uno lo suyo».

En el esquema académico de la Teología Moral, la virtud de la justicia referida a Dios se denomina «virtud de la religión». Los autores afirman que la «religión es parte potencial de la justicia», lo cual quiere significar que no se cumple propiamente una de las características esenciales: o sea, la *equidad,* pues la criatura no puede devolver a Dios lo que de Él ha recibido. Mediante la virtud de la religión, el individuo reconoce el poder infinito de Dios, por lo cual, mediante el culto, le da «lo que es suyo», si bien nunca le dará el culto debido.

Referida a los hombres, la justicia reconoce los derechos y deberes mutuos de los ciudadanos y demanda que se «dé a cada uno lo suyo». En este sentido, la virtud de la justicia contempla las relaciones de los hombres en la convivencia, en orden a alcanzar el bien común en las relaciones humanas, bien sea en la comunidad eclesial o en el ámbito de la sociedad civil.

La virtud de la justicia es reiteradamente mencionada en la Biblia. En el A.T. se urge de un modo especial en virtud de la alianza entre Dios y el pueblo. Además, la justicia venía reclamada por cuanto el «pueblo de Dios» tenía una configuración social. A este respecto, se hacen continuas llamadas a que se practique la justicia y se condenan con especial rigor los pecados de injusticia. Cabe inventariar más de 800 textos sobre el tema.

La «justicia» en el A.T. hace referencia por igual a las relaciones del hombre con Dios y a los vínculos sociales de los hombres entre sí. Y es una virtud tan decisiva que en ocasiones se identifica «justicia, equidad y rectitud moral» *(Prov* 1, 3).

Por ello son numerosos los textos que reclaman del juez que actúe con justicia: «Siendo juez no hagas injusticia, ni por favor al pobre, ni por respeto al grande, con justicia juzgarás a tu prójimo» *(Lev* 19, 15). Y el israelita clama a Dios en demanda de justicia: «¡Hazme justicia, Señor! Defiende mi causa» *(Sal* 7, 10; 11, 5-7). El amor a la justicia es tal que, al hombre perfecto, se le denomina «justo», es el caso de Noé *(Gen* 7, 1). Por ello, en algunos textos, «justicia» y «santidad» se identifican. Si bien el justo por excelencia es Yahvéh: es uno de sus «atributos» *(Gen* 18, 25; *Is* 5, 15-16).

Pero la «justicia» se refiere fundamentalmente a Jesucristo, que es el único justo. De aquí que, entre los muchos títulos con que se designa al futuro Mesías, se le señale como el «justo» *(Is* 53, 1-12; *Sap* 2, 18).

En el N.T. se subraya esa sinonimia entre Mesías y Justo *(Mt* 27, 19; *Hech* 3, 14). También al hombre recto se le identifica con ese apelativo: «justos» son San José *(Mt* 1, 19), Zacarías *(Lc* 1, 6), Simeón *(Lc* 2, 25), Cornelio *(Hech* 10, 22), etc. Pero en el N.T. no son menos abundantes las condenas de la injusticia *(Sant* 4, 13-17; 5, 1- 6) y sobre todo son reiteradas las llamadas a la práctica de esta virtud *(Col* 4, 1). Los textos podrían multiplicarse.

—*Fortaleza*
«La fortaleza es la virtud moral que, en medio de las dificultades, asegura la firmeza y la constancia en la búsqueda del bien».

La «fortaleza» es una virtud en sí misma, pero además posibilita al cristiano el ejercicio de las demás virtudes, dado que la práctica virtuosa es una tarea ardua y costosa. Jesús advierte a sus discípulos acerca de la vida difícil que les esperaba: «En el mundo habéis de tener tribulación; pero confiad, yo he vencido al mundo» *(Jn* 16, 33).

En efecto, la fortaleza ofrece al hombre y a la mujer la fuerza para vencer las tentaciones y superar las dificultades que surgen en la conquista por la vida moral. El *Catecismo de la Iglesia Católica* ensalza el papel de la virtud de la fortaleza y enseña que es, precisamente, la virtud que posibilita al cristiano enfrentarse con las situaciones más arduas y calamitosas de su existencia, incluido el martirio:

«La virtud de la fortaleza hace capaz de vencer el temor, incluso a la muerte, y de hacer frente a las pruebas y a las persecuciones. Capacita para ir hasta la renuncia y el sacrificio de la propia vida por defender una causa justa» *(CEC,* 1808).

No existe una vida moral sin fortaleza. De ahí que la educación moral debe tener a la vista la importancia de esta virtud, sin la cual es imposible una vida éticamente cristiana.

—Templanza

«La templanza es la virtud moral que modera la atracción de los placeres y procura el equilibrio en el uso de los bienes creados» *(CEC,* 1809).

Esta virtud toma origen de la verdad dogmática de que la existencia cristiana tiene una herida de nacimiento debida al pecado de origen. En efecto, la dificultad de practicar el bien nace por el hecho de ser persona humana, pues las pasiones le impulsan a hacer el mal. Por ello, la persona ha de tener un dominio de las tendencias que la inclinan al pecado.

A este objetivo se dirigen las advertencias del Apóstol San Pablo: «Vivamos sobriamente» *(Tit* 2, 12). Para vivir la «templanza» se requiere vivir no solo con austeridad, sino también con mortificación. El dominio de sí mismo demanda que la persona domine sus instintos, para lo cual se exige una vida austera y mortificada.

Sobre las virtudes morales conviene subrayar dos ideas fundamentales:

a) Íntima conexión. Las virtudes morales están unidas entre sí: si una se posee con perfección, todas las demás están presentes; pero, si una falta, ninguna otra es perfecta. La conexión entre las virtudes es una razón más para que la vida moral del creyente demande la «unidad de vida», tal como reclama el ser de la persona.

b) In medio virtus. Coloquialmente se dice que «la virtud está en el medio». Ello indica en primer lugar que se puede pecar tanto por exceso como por defecto. Pero este principio se ha de entender sobre todo como dictamen de la razón en orden al fin, así el recto orden señalado por la razón respecto a la justicia será distinto que con respecto a la templanza o fortaleza. Así se expresa San Josemaría Escrivá: «Es una equivocación pensar que las expresiones *término medio* o *justo medio,* como algo característico de las virtudes morales, significan mediocridad: algo así como la mitad de lo que es posible realizar. Ese medio entre el exceso y el defecto es una cumbre, un punto álgido: lo mejor que la prudencia indica. Por otra parte, para las virtudes teologales no se admiten equilibrios: no se puede creer, esperar o amar demasiado» *(Amigos de Dios,* n. 83).

El ejercicio de las virtudes cardinales prepara al creyente para vivir con plenitud la vida cristiana, lo cual se lleva a término mediante la práctica de las virtudes teologales.

c) Virtudes teologales

Las virtudes teologales hacen relación directa a Dios: de ahí su nombre. Pero las virtudes teologales son específicas de la moral cristiana. Su puesto en la vida moral del cristiano es de excepcional importancia, puesto que la vida nueva requiere, a su vez, una conducta también nueva. En efecto, las «virtudes teologales», además de que informan y elevan las cuatro virtudes morales, son una novedad radical en la vida del bautizado, a pesar de que no son fruto del esfuerzo humano, sino que son virtudes infusas, es decir, Dios es quien las infunde en los bautizados:

> «Las virtudes teologales fundan, animan y caracterizan el obrar moral del cristiano. Informan y vivifican las virtudes morales. Son infundidas por Dios en el alma de los fieles para hacerlos capaces de obrar como hijos suyos y merecer la vida eterna. Son la garantía de la presencia y la acción del Espíritu Santo en las facultades del ser humano» *(CEC,* 1813).

A partir de la enseñanza de San Pablo, que enumera la «fe, la esperanza y la caridad» *(1 Cor* 13, 13), como disposiciones fundamentales del cristiano, la tradición ha mantenido esa distinción triple.

El fundamento de las virtudes teologales es la «participación en la naturaleza divina» *(2 Ped* 1, 4), lo cual demanda que se desarrollen —de modo también divino— las facultades del alma. De ahí que, pese a algunos matices que sería necesario precisar, la «fe» dice relación a un modo nuevo de «conocer», la «esperanza» alude a un fundamento nuevo de confiada espera y la «caridad» supone un modo radicalmente nuevo de amar.

Santo Tomás de Aquino establece un paralelismo entre las tres realidades, propias del ser humano que son propias de su ser racional, o sea, el conocer, el tender y el amar y las tres virtudes teologales. El conocimiento racional se eleva por la virtud de la fe que permite al hombre un conocimiento nuevo y más elevado cual es el conocimiento de la fe. La tendencia del querer humano se extiende a una proyección amplísima que se alarga hacia la felicidad eterna y a la confianza en Dios que le asegura poder alcanzarla. Finalmente, el amor afectivo-sentimental del ser humano se ve inmensamente enriquecido con un amor sobrenatural, participante del amor de Dios *(Suma Teológica,* I, II, q. 62, a. 3).

Pero el efecto primero y fundamental de la gracia sobrenatural es que el bautizado recibe una vida nueva, por lo que se «llama y es en verdad hijo de Dios *(1 Jn* 3,1).

La filiación divina es algo real. El conocido exegeta Ceslas Spicq compara la filiación natural con la filiación sobrenatural: al modo como los padres biológicos transmiten a sus hijos los genes vitales, de modo semejante la naturaleza divina comunica su ser a los bautizados. El P. Spicq lo expresa en estos términos tan significativos:

> «La comparación es audaz, pero de una fuerza incomparable. Los Apóstoles afirman que los cristianos nacen de Dios gracias a esa "virtud" generadora a la que consideran un germen divino que permanece en ellos. Nos hallamos en el plano espiritual, y esta palabra solo puede ser una comparación; pero no cabe expresar con más fuerza el realismo de la condición de hijo de Dios: un cristiano es

hijo de Dios, como un hombre es hijo de otro hombre. Ahora bien ¿de qué modo un hijo ha llegado a ser hijo de otro hombre? Siendo el fruto de una generación en la cual el padre le ha transmitido algo de sí mismo. Por la virtud de este principio transmitido, de este elemento primero, el hijo procede realmente de su padre. Y en el caso del cristiano ¿por qué es hijo de Dios? Porque es el fruto de una generación, cuyo principio o elemento primero es esa realidad fecundante, nacida de Dios en su alma, que la teología católica denominará gracia. Designar al cristiano como hijo de Dios no es una simple imagen que evoca la protección o vigilancia paterna que Dios ejerce a su respecto, sino que hay que entenderlo rigurosamente, en el mismo sentido en el que se dice de cualquiera: es hijo de tal persona. En ambos casos, como principio de la generación existe una realidad que ha procedido del padre, en el primer caso del semen humano, en el segundo la "gracia". La comparación de los Apóstoles va aún más lejos y llega a señalar la naturaleza propiamente divina de esta vida infundida a los creyentes. Por la virtud de dicho elemento, principio de la generación un nuevo hombre llega a la existencia; así como el animal engendra a un animal de su especie, también el hombre engendra a otro hombre, semejante a él. A menudo la semejanza es grande, y la gente se complace en reconocer que tal niño se parece mucho a su padre: en las facciones, en el porte, en el modo de mirar y de hablar [...]. Pues bien, el cristiano nace de Dios, es hijo suyo en el sentido real, por lo cual debe parecerse a su Padre del Cielo; su condición de hijo consistirá precisamente en participar de la misma naturaleza que Él. Aquí se sitúan las palabras de San Pedro: "participantes de la naturaleza divina", que significan algo más que una analogía, más que una semejanza o parentesco, pues implican una elevación y transformación de la naturaleza humana: la posesión de aquello que es propio del ser divino. El cristiano entra en un mundo superior (sobre-natural), que está por encima de la naturaleza original: el mundo de Dios» *(Teología Moral del Nuevo Testamento*, I, 87-88).

En resumen, la antropología específicamente cristiana supone una *re-generación*, por la que el bautizado participa de la naturaleza divina y es *hijo de Dios*. En consecuencia, el cristiano expresa su nueva vida sobrenatural mediante el ejercicio de las tres virtudes teologales, al modo como desarrolla su vida específicamente humana en el ejercicio de las tres dimensiones del pensar del querer y del amar, propias de su psicología personal.

En su visita a Cracovia, el papa Benedicto XVI les dejó esta consigna:

> «Antes de volver a Roma, os exhorto a todos: Debéis ser fuertes con la fuerza que brota de la fe... Debéis ser fuertes con la fuerza de la esperanza [...]. Debéis ser fuertes con la fuerza del amor [...]. Debéis ser fuertes con la fuerza de la fe, de la esperanza y de la caridad, consciente y madura, responsable, que nos ayuda a entablar el gran diálogo con el hombre y con el mundo en esta etapa de nuestra historia» *(Discurso* 28-V-2006).

Esta consigna encierra un verdadero paradigma de la moral específicamente cristiana.

—*Fe*

> «La fe es la virtud teologal por la que creemos en Dios y en las verdades que Él ha revelado, según las enseñanzas de la Iglesia» *(CEC*, 150-184; 1814-1816).

La fe introduce al creyente en un mundo nuevo, en el cual, apoyado en la Revelación, conoce un conjunto de realidades que superan la razón humana, pero tiene, al mismo tiempo, una luz especial para aceptar su existencia, así como para comprender algunos de sus contenidos.

La fe en el cristiano no es una virtud más que ha de practicar, sino que toda su existencia ha de estar fundamentada en esta virtud. San Pablo cita esta sentencia bíblica: «El justo vive de la fe» *(Rom* 1, 17). Lo cual indica que el cristiano no solo debe *tener fe,* sino que la fe ha de ser el fundamento y el motor de su vida.

Los objetivos de la vida de fe del creyente pueden concretarse en los cuatro siguientes: custodiar, aumentar, defender y extender la fe. En la medida en que lleva a cabo lo indicado por estos cuatro verbos, el cristiano cumple lo demandado por esta virtud. Por el contrario, los pecados contra la fe se cometen si no cumple algunos de esos objetivos.

- *Custodiarla,* es decir, mantenerse en la fe recibida. Peca quien la niega o se pone en peligro de perderla.
- *Aumentarla,* como virtud teologal debe procurar aumentar su fe, mediante la oración y la recepción de los Sacramentos.
- *Defenderla,* o sea tiene obligación de salir al paso de los errores que se expongan contra ella.
- *Extenderla,* es decir, debe esforzarse por propagarla a quienes no tienen noticia del mensaje cristiano o desconocen algunos de sus contenidos.

—*Esperanza*

«Es la virtud que garantiza al cristiano la certeza de la salvación eterna y le concede la fortaleza para mantenerse seguro en medio de las dificultades para alcanzarla» *(CEC,* 1817-1821).

La virtud de la esperanza cubre dos amplios campos: la aspiración a la salvación eterna y la confianza durante el camino que conduce a ella. La virtud de la esperanza responde al anhelo innato que Dios ha puesto en el corazón de todo hombre de aspirar a la felicidad eterna y verdadera.

El cristiano aspira a la salvación en el Cielo y confía alcanzarla no apoyado en sus fuerzas, sino fiado en la ayuda de Dios, de la cual está seguro que no ha de faltarle. La carta a los Hebreos mantiene esta convicción: «Mantengamos firmes la confesión de la esperanza, porque fiel es el que la ha prometido» *(Hebr* 10, 23).

Además de la promesa divina, la razón de la confianza es el inmenso poder de Dios y su amor ilimitado al hombre. Esa doble realidad le consta por la Revelación, pues los múltiples testimonios de la Escritura le garantizan que Dios está siempre dispuesto a ayudarle. San Pablo en la carta a Tito manifiesta esta profunda certeza: «La regeneración y la renovación que el Espíritu Santo derramó abundantemente sobre nosotros por Jesucristo, nuestro Salvador, a fin de que, justificados por la gracia, seamos herederos, según nuestra esperanza de la vida eterna» *(Tit* 3, 5-7).

Si el cristiano vive de la fe, esta fe es, precisamente, la garantía de su esperanza y de su confianza ilimitada en Dios. Es el sentido de la frase de San Pablo que aúna fe y esperanza: «Sé de quien me fío» *(2 Tim* 1, 12).

—*Caridad*

«La caridad es la virtud teologal por la que se ama a Dios sobre todas las cosas y a los hombres por amor a Él» *(CEC,* 1822-1829).

La caridad convierte el amor cristiano en un amor nuevo y único. El Dios que se manifiesta como «amor», más aún que se define por él *(1 Jn* 4, 8, 16), infunde en el bautizado ese mismo amor, que le sitúa por encima de cualquier amor humano. Éste se expresaba por dos términos griegos: «eros» o amor sensible y «filía» o amor afectivo. Pues bien, el Nuevo Testamento expresa tanto el amor de Dios al hombre como el que éste debe manifestar a Dios como un amor increado, que supera en todo al amor sensible y al amor afectivo-sentimental. Por ello, la caridad es un amor tan nuevo, que se expresa con un vocablo también novedoso, el «agápe», que, si bien aparecía en el vocabulario griego, no era de uso frecuente.

El corazón humano no es capaz de producir ese amor, sino que es una pura donación gratuita de Dios. De ahí que el hombre no puede amar a Dios sobre todas las cosas y al prójimo por Dios, sino en virtud de ese amor nuevo que Dios le infunde como virtud teologal.

El amor a Dios y el amor al prójimo tienen la misma fuente, pero existe entre ellos una graduación. El primero es el amor a Dios, el cual es, al mismo tiempo, la fuente y raíz del amor al prójimo. Pero el amor al prójimo es, a su vez, la señal de que el amor a Dios es verdadero y no está falseado. Es lo que San Juan expone tan clara como reiteradamente en sus cartas:

> «Carísimos, amémonos unos a otros porque la caridad procede de Dios. El que ama es nacido de Dios y a Dios conoce. El que no ama no conoce a Dios porque Dios es amor. El amor hacia nosotros se manifestó en que Dios envió al mundo a su Hijo unigénito para que nosotros vivamos por Él. En eso está el amor, no en que nosotros hayamos amado a Dios, sino en que Él nos amó primero» *(1 Jn 4, 7-10)*.

Capítulo IX
EL PECADO

La bondad de Dios y la malicia del hombre

La historia de la humanidad es la crónica del amor de Dios al hombre. Desde la creación a la redención, el amor divino no solo acompaña la biografía humana, sino que ha sido precisamente el amor lo que motivó los grandes acontecimientos de las relaciones de Dios con el hombre. En este sentido, Dios que se define como amor, ha cumplido plenamente lo que expresa su ser.

En efecto, la Biblia y la tradición teológica confirman de continuo que el motivo de la creación es que Dios quiere manifestar externamente su amor. También la Encarnación del Verbo es la muestra más palpable de ese amor a la entera humanidad. El estado de postración en que se encontraba motiva el que su Creador salga de nuevo fiador de su vida. Jesús lo manifiesta expresamente: «Tanto amó Dios al mundo que le entregó su unigénito Hijo» *(Jn* 3, 16). Y sobre todo es en la Redención donde culmina y se hace patente el amor de Dios al hombre: «Nadie tiene amor mayor que este de dar uno la vida por sus amigos» *(Jn* 15, 13).

Pues bien, si el amor es el motor de la historia de la humanidad en relación al primer protagonista que es Dios, el papel del hombre en este relato es el «reverso de la trama»; es decir, el comportamiento del hombre y de la mujer en esta grandiosa historia es la desobediencia a Dios. Más aún, la historia del mal en el mundo, que se inicia con la rebelión del ángel, se prolonga y culmina con el pecado del hombre.

Cabe, pues, concluir con algunos teólogos que las dos realidades que constituyen el argumento de la Biblia son «gracia» y «pecado». O sea, gracia y misericordia por parte de Dios y pecado como aportación del hombre constituyen la trama sobre la que se lleva a cabo esa grandiosa relación de Dios con la humanidad, que se denomina «Historia de la salvación».

El pecado en la Biblia

La realidad del pecado es un dato que atraviesa los numerosos capítulos de la Biblia. Después de la primera página, tan luminosa, de la creación y del amor humano entre el primer hombre y la primera mujer, de inmediato, el pecado entra en escena. En efecto, el pecado de los primeros padres *(Gen* 3, 1-20) es seguido de la narración del fratricidio de Caín *(Gen* 4, 8), del homicidio de Lamec *(Gen* 4, 23) y de los muchos «pecados de los hombres» que motivan el «diluvio» universal *(Gen* 4, 13). Pero, después de esa especie de «nueva creación» que protagoniza Noé, la humanidad continúa en su tarea de hacer el mal, lo que provoca la confusión de la Torre de Babel *(Gen* 11, 7-9), hasta confirmarse la sentencia bíblica de que «Dios se arrepintió de haber creado al mundo» *(Gen* 6, 6).

Desde entonces, cuando ya se pierde la cronología de la humanidad y se inicia de nuevo la historia con la biografía de Abraham, los anales del pueblo de Israel coinciden con la narración de los pecados de infidelidad al Dios de la alianza. De ello ha dejado constancia el testimonio unánime de los profetas.

A partir de esta época, el relato bíblico repite sistemáticamente la historia de los pecados del pueblo escogido, que los libros de la Biblia narran con detalles conmovedores, pues Dios se muestra dolorido por la infidelidad de Israel como el esposo fiel lamenta los devaneos de la esposa (*Jer* 3, 20; *Ez* 16; *Os* 2, 4-20). Cabe decir que el profetismo se concreta en la misión de estos testigos enviados por Dios para corregir al pueblo por sus pecados y advertirle que Dios está dispuesto a castigarlos.

Al final de esta historia, como ya hemos consignado, Dios se mueve a compasión y decide salvar al hombre, mediante la encarnación del Verbo: el mismo nombre de Jesús significa precisamente *salvador*, porque «salvará al mundo de sus pecados» (*Mt* 1, 21).

Pues bien, la predicación de Jesús tiene en toda ocasión, como tema de fondo y en ocasiones de modo expreso, el tema del pecado: Él viene a buscar a los pecadores. Por eso come y bebe con ellos (*Lc* 15, 2). A este respecto, las parábolas que Lucas transmite en el capítulo XV de su Evangelio, la oveja perdida, la moneda encontrada y el hijo pródigo concluyen con esta máxima que resume el objetivo de su misión: «Hay más alegría por un pecador que se convierta que por noventa y nueve justos que no tengan necesidad de penitencia» (*Lc* 15, 7).

Más tarde, la predicación de los Apóstoles insiste reiteradamente en el mal supremo que significa el pecado. Como es sabido, solo en catálogos, cabe inventariar hasta 21 listas de pecados en el Nuevo Testamento. Además de esa veintena de elencos, el pecado pasea insistentemente por las páginas de la Biblia.

Estos datos invalidan las opiniones de ciertos moralistas que pretenden quitar importancia al pecado hasta límites que, desde el mínimo rigor intelectual, no es posible justificar.

Causas que motivan la crisis del pecado en nuestro tiempo

Se repite a distintos niveles que la época actual acusa una falta del sentido del pecado, tanto a nivel de reconocer su existencia como de aceptar que el hombre pueda cometerlo. Por ejemplo, algunos hablan que en la Biblia solo se dan «indicativos morales» e incluso llegan a afirmar que el hombre no es capaz de cometer pecado mortal alguno. Es difícil que se haya formulado en la historia de la ética cristiana un error como este, tan carente de fundamento. Pero el hecho es que, como causa o efecto, junto al descuido de la noción de pecado en algunos sectores de la cultura actual, el pueblo cristiano ha perdido el sentido del pecado, tal como denuncian los Papas desde Pío XII. Como muestra de este análisis, baste transcribir este testimonio de Juan Pablo II:

> «Sucede frecuentemente en la historia, durante periodos de tiempo más o menos largos y bajo la influencia de múltiples factores, que se oscurece gravemente la conciencia moral en muchos hombres [...]. Muchas señales indican que en nuestro tiempo existe este eclipse, que es tanto más inquietante en cuanto esta conciencia [...] está íntimamente unida a la libertad del hombre [...]. Por esto (si la conciencia está en crisis) es inevitable que en esta situación quede oscurecido también *el sentido del pecado*, que está íntimamente unido a la conciencia moral, a la búsqueda de la verdad, a la voluntad de hacer un uso responsable de la libertad» *(RP*, 18).

Efectivamente, la pérdida del sentido del pecado representa un mal muy grave no solo para la vida cristiana, sino también para la historia de la humanidad.

En efecto, la cultura humana sufriría un grave quebranto si se oscureciese la noción de pecado, puesto que con ello se perdería uno de los conceptos primarios y más fundamentales, cual es el sentido del «bien» y del «mal». Y una generación que pierda tal sensibilidad es una generación culturalmente pobre. Además, ni sería capaz de ser llamada «cultura», dado que padecería una gran ignorancia, pues el «bien» y el «mal» existen, aunque no se reconozca y más aún si se los niega. De aquí que el hombre inteligente es aquel que sabe que hace el «bien» y el «mal». Si el hombre no se sintiese pecador, supondría en él muy poca inteligencia, dado que no está en la verdad, sino en un grave error. Es conocida la antigua sentencia de San Juan: «Si dijéramos que no tenemos pecado, nos engañaríamos a nosotros mismos y la verdad no estaría en nosotros» *(1 Jn* 1, 8).

Pero se resentiría aún más la Teología Moral, dado que negar el «bien» y el «mal» equivale a abolir la ciencia ética. Algo así como ocultar la salud y la enfermedad es quitar el fundamento a la Medicina o negar la existencia de derechos y deberes, o sea la justicia, acabaría con la ciencia del Derecho.

El mal moral llamado «pecado» no puede desaparecer, pero sí cabe que disminuya la conciencia que se tenga de él y aún el juicio condenatorio que merece. Las causas que motivan el eclipse del sentido del pecado son, entre otras, las siguientes:

a) El relativismo cultural y ético. En efecto, en la medida en que se profesa un relativismo ético, la cultura se desliza lentamente a la negación del pecado como algo real y permanente.

b) Las falsas acusaciones de un sector de la psicología actual. Es curioso constatar que algunos psicólogos pretendan negar la realidad del pecado con el fin —afirman— de que no traumatice la conciencia de los individuos. Ellos propugnan una «moral sin pecado» para liberar al hombre del «sentimiento morboso de la culpa». Estos tales no quieren entender que el pecado traumatiza al hombre solo en el caso de que no existiese el perdón. Por el contrario, conforme a la concepción cristiana, el pecado, lejos de traumatizar, ayuda a la liberación, puesto que en el cristianismo todo pecado tiene la salida del perdón, en el cual se refleja el amor de Dios que perdona.

c) La confusión entre moralidad y legalidad. Es claro que una sociedad regulada por tantas leyes, tiende a tener como «bueno» aquello que está permitido por la ley y como «malo» lo que está prohibido. De ahí que algunos pretenden sustituir los Diez Mandamientos por el Código Penal, hasta el punto de considerar moralmente permitido todo aquello que no es castigado por la ley.

d) El secularismo. Es evidente que una concepción religiosa de la existencia facilita la valoración del pecado, mientras que la pérdida del sentido religioso conduce lógicamente a negarlo. Posiblemente, esta sea la causa más importante y la que hoy juega el papel decisivo en infravalorarlo, pues, si se oscurece el sentido de Dios, también el sentido del pecado se hace opaco. A lo sumo, el pecado lo reduce solo a lo que considera «delito».

Así se expresó el papa Benedicto XVI:

> «Cuando Dios es excluido de la esfera pública, desaparece el sentido de la ofensa contra Dios —el verdadero sentido del pecado—; y precisamente cuando se relativiza el valor absoluto de las normas morales las categorías de bien y de mal se difuminan, juntamente con la responsabilidad individual» *(Discurso* 9-X-2006).

e) Algunos fenómenos internos de la vida eclesial. Juan Pablo II formula este hecho en los siguientes términos:

> «Incluso en el terreno del pensamiento cristiano y de la vida eclesial algunas tendencias favorecen inevitablemente la decadencia del sentido del pecado. Algunos, por ejemplo, tienden a sustituir actitudes exageradas del pasado con otras exageraciones; pasan de ver pecado en todo a no verlo en ninguna parte; de acentuar demasiado el temor de las penas eternas a predicar un amor de Dios que excluiría toda pena merecida por el pecado; de la severidad en el esfuerzo por corregir las conciencias erró-

neas a un supuesto respeto a la conciencia que suprime el deber de decir la verdad» *(RP*, 18).

Definición y división del pecado

Conforme al principio aristotélico que sentencia: «en cuestiones complicadas la mejor praxis es una buena teoría», parece que, para superar la crisis sobre el pecado, será necesario fijar su definición exacta y mencionar las distintas especies que cabe mencionar.

Definición

La tradición moral ha dado diversas definiciones. He aquí dos más comunes:

a) «Pecado es el alejamiento de Dios y la conversión a las criaturas» *(Aversio a Deo et conversio ad creaturas)*.

San Agustín y Santo Tomás recogen esta definición que ya se ha hecho clásica. Según este concepto, peca quien apuesta por las criaturas alejándose de Dios. «Alejamiento» («aversio») no cabe traducirlo por *odio*, simplemente, basta con que sea *desamor*. Por ello, el que peca ama a las criaturas (las cosas, su propio bien...) por encima del amor a Dios, al que está obligado a «amarle sobre todas las cosas».

b) «Pecado es una ofensa a Dios, porque no se cumple su voluntad».

Según esta definición, el que peca incumple el querer de Dios, el cual, dado que es Padre, quiere que el hombre —ejerciendo la libertad— sea fiel a su voluntad, la cual busca el bien del hombre. Ahora bien, la persona humana, herida por el pecado, se deja conducir por las pasiones que la incitan al mal y la separan de Dios.

A estas dos definiciones clásicas, se podrían añadir otras dos que aúnan la anteriores y se encuentran en el *Catecismo de la Iglesia Católica*:

> «El pecado es una ofensa a Dios. Se alza contra Dios en una desobediencia contraria a la obediencia de Cristo» *(CEC,* 1871).
>
> «El pecado es un acto contrario a la razón. Lesiona la naturaleza del hombre y atenta contra la solidaridad humana» *(CEC,* 1872).

Estas dos fórmulas, más que *definiciones,* propiamente dichas, representan una descripción clara de la causa y de los efectos que produce el pecado. Un buen resumen se recoge en el Catecismo de la Conferencia Episcopal de España. Según este *Catecismo* el pecado es:

—La violación de la Ley de Dios

—Alejarse de Dios y volverse hacia las criaturas

—Una ofensa a Dios *(Esta es nuestra fe. Esta es la fe de la Iglesia,* p. 294).

El cúmulo de males que produce el pecado queda expresado en la pluralidad de nombres con que la Biblia lo designa. Así, por ejemplo, en el A.T. «pecado» se expresa con los términos «hatta't» *(desviarse, caer),* «pesa» *(rebelarse),* «awon» *(equivocarse),* «nebalah» *(infamia),* «asam» *(infamia),* «n'balah» *(crimen, impiedad),* «ma'al» *(perfidia),* «ra'ah» *(maldad),* «sik'lut» *(necedad),* etc.

La nomenclatura en el griego del N.T. es menos extensa. Se usa con profusión el término «amartía» *(desviarse, perder el camino),* «anomia» *(iniquidad),* «adiquía» *(injusticia),* «asébeia» *(impiedad),* etc. Además abundan otras expresiones que equivalen a las significaciones que recoge el A.T.

Consecuentemente, al hilo de la etimología de la palabra «pecado», la Biblia quiere significar la multitud de males que entraña. En efecto, el pecado es una «infamia», un «crimen», una «impiedad», una «perfidia», una «necedad», una «iniquidad», una «injusticia» o, simplemente, una gran «maldad». Quien peca «se desvía», «cae», «se rebela», «se equivoca», «pierde el camino»...

El simple recuento de los efectos que el pecado ocasiona es la confirmación de la maldad que entraña y de la ingente cantidad de males que produce al que lo comete.

Division

Los manuales recogen muchas. Estas son las divisiones más importantes:

1. Por razón de la persona a la que el pecado ofende y daña:

—*Contra Dios*: cuando se ofende directamente a Dios (blasfemia).

—*Contra el prójimo:* si se lesiona el bien de otro (calumnia).

—*Contra sí mismo*: el que se opone al propio bien (lujuria).

—*Contra la convivencia social.* Es el pecado contra la justicia y la convivencia social (delito ecológico).

Como es lógico, los ejemplos son meros «ejemplos», pues abarcan otros muchos pecados.

2. En relación al estado de la conciencia que peca, conviene distinguir entre:

—*Pecado actual:* es el acto mismo pecaminoso cometido.

—*Pecado habitual:* es el estado permanente de culpabilidad, originado por la repetición de los pecados actuales.

—*Pecado material:* es el hecho malo en sí mismo, prescindiendo de su voluntariedad, pero no se considera moralmente pecado porque falta ésta o por cuanto no existe un conocimiento de que tal acción infringe una norma;

—*Pecado formal:* es la transgresión consciente y libre de la ley. Es el verdadero pecado.

—*Pecado interno:* es el que se consuma en el «corazón». Se consideran como pecados «internos» los malos pensamientos o complacencia morosa, el mal deseo y el gozo pecaminoso:

- «mal pensamiento o complacencia morosa» es el deleite en la representación imaginaria de un acto pecaminoso, como si se estuviera realizando, pero sin ánimo de realizarlo;
- «mal deseo» es la apetencia deliberada de una cosa mala. Añade al anterior pecado el deseo de realizarlo o de llevarlo a la práctica.
- «gozo pecaminoso» es la complacencia de una acción pecaminosa antes realizada por sí o por otro. Es parecido al primero pero ancla el pensamiento en un hecho realizado, buscando revivirlo con el recuerdo para obtener el placer o complacerse en el mal, lo que lleva a una mayor facilidad para recaer: «quien se complace en su culpa, será castigado» *(Sir* 19, 5).

Los pecados internos, si no se combaten con energía, debilitan todas las fuerzas del hombre y no raramente angustian más a la persona humana y en ocasiones son más peligrosos que los que se manifiestan externamente. El peligro viene de que se cometen con más facilidad, nadie los nota y no requieren emprender una obra externa, lo que puede llevar a no combatirlos y a acostumbrarse a ellos. De aquí se deriva con mucha frecuencia una deformación de la conciencia. Este tipo de pecados es importante en todas las épocas de la vida pero de un modo especial en la juventud: si no se les enseña a luchar en este campo, acaban perdiéndose.

—*Pecado externo:* el que se comete con obras o palabras expresas.

3. Por razón de la gravedad que entraña:

—*Pecado mortal:* es la transgresión voluntaria de la ley de Dios en materia grave, con advertencia plena y consentimiento perfecto;
—*Pecado venial:* es la desobediencia voluntaria a la ley de Dios en materia leve o bien en materia grave, pero sin plena advertencia o sin consentimiento perfecto.

El Magisterio ha rechazado la teoría que, frente a esta doble clase de pecado, pretendía añadir una clasificación triple: venial, grave y mortal. El Magisterio enseña que todo pecado grave es también mortal. El *Catecismo de la Iglesia Católica* enseña:

> «Conviene valorar los pecados según su gravedad. La distinción entre pecado mortal y venial, perceptible ya en la Escritura (cfr. *1 Jn* 5, 16-17) se ha impuesto en la tradición de la Iglesia. La experiencia de los hombres la corrobora» *(CEC,* 1854).

Y la diferencia entre el pecado mortal y el venial, el *Catecismo* la especifica en los siguientes términos:

> «El pecado venial debilita la caridad; entraña un afecto desordenado a bienes creados; impide el progreso del alma en el ejercicio de las virtudes y la práctica del bien moral; merece penas temporales. El pecado venial deliberado y que permanece sin arrepentimiento, nos dispone poco a poco a cometer el pecado mortal. No obstante, el

pecado venial no nos hace contrarios a la voluntad y a la amistad divinas; no rompe la Alianza con Dios. Es humanamente reparable con la gracia de Dios. No priva de la gracia, de la amistad con Dios, de la caridad, ni, por tanto, de la bienaventuranza eterna» *(CEC,* 1863).

4. Por razón del autor:

—*Original:* es el pecado cometido por Adán y Eva en los inicios de la humanidad. También se llama así a la herida en la naturaleza que quedó en los hombres a resultas de ese pecado.

—*Personal:* el que comete cada hombre singular.

—*Social:* el que se comete contra la convivencia y las estructuras pecaminosas que rigen la vida social.

5. Por razón del modo:

—*De comisión:* es la acción positiva contra un precepto determinado.

—*De omisión:* cuando se omite una acción que debía llevarse a cabo.

6. Por razón de la atención prestada:

—*Deliberado:* el que se comete con total advertencia y consentimiento pleno.

—*Semideliberado:* el que se lleva a cabo con advertencia o consentimiento no plenos.

7. Por razón de la causa que lo motiva:

—*De ignorancia:* si se hace con desconocimiento inculpable.

—*De fragilidad:* si procede de una pasión que ejerce sobre el individuo cierta esclavitud.

—*De malicia:* si se lleva a cabo de una forma deliberada y con desprecio de la norma.

8. Por razón de su especial gravedad y el desorden que comporta:

—*Capital:* si es cabeza y origen de otros (avaricia).

—*Que clama al cielo:* perturba seriamente el orden social (retener el «jornal al obrero»).

—*Contra el Espíritu Santo:* Si desprecia formalmente los dones sobrenaturales (atribuir el bien que se hace por Dios a un origen malo, por ejemplo, al demonio).

No cabe concluir este apartado más que mencionando los graves daños que se siguen del pecado. El *Catecismo de la Iglesia Católica* enumera los siguientes:

> «El pecado convierte a los hombres en cómplices unos de otros, hace reinar entre ellos la concupiscencia, la violencia y la injusticia. Los pecados provocan situaciones sociales e instituciones contrarias a la bondad divina. Las "estructuras de pecado" son expresión y efecto de los pecados personales. Inducen a sus víctimas a cometer a su vez el mal. En un sentido analógico constituyen un "pecado social"» *(CEC,* 1869).

Valoración de los pecados

El pecado en sí mismo es un mal, pero es preciso establecer un criterio que valore la gravedad de los distintos pecados. Para ello se ha de tener a la vista los siguientes criterios:

1. Para que exista un pecado grave o mortal, se requiere que se den, conjuntamente, tres condiciones:

—*materia grave:* no siempre es fácil determinarla. Si se incumple una norma, la gravedad viene dada por el testimonio explícito de la Escritura o del Magisterio. También por el contenido expreso de la ley: si se quebranta la substantividad de lo preceptuado, etc.

—*advertencia plena:* se requiere el conocimiento de que se está obrando mal en *materia grave.* Es decir, no es necesario advertir explícitamente que se incurre en un pecado de determinada especie. Basta saber que se está actuando mal en *materia grave.*

—*consentimiento perfecto:* el pecado es un acto libre y como tal querido y aceptado por el individuo. No hay pecado mortal «por sorpresa».

2. Es corriente distinguir la «gravedad» entre los diversos pecados mortales, conforme al siguiente criterio:

—*ex toto genere suo,* si siempre es grave y si, por razón de la *materia,* comporta siempre un grave desorden contra la ley de Dios, no admite «parvedad de materia»: por ejemplo, la blasfemia, el odio a Dios, el adulterio, etc.

—*ex genere suo:* son pecados que *por su materia* implican un grave desorden, pero admiten parvedad de materia: robar o injuriar son pecados graves de por sí, pero admiten una materia imperfecta que no rompa la Alianza con Dios, por ejemplo, sustraer una pequeña cantidad o lesionar levemente el honor del prójimo. Por eso son faltas veniales.

Como es lógico, se trata de la gravedad en razón de la materia, si bien puede ser venial por imperfección del acto.

3. Para que se cometa un pecado leve o venial, se requieren estos requisitos mínimos; si falta alguno de los tres, no hay pecado:

—*materia leve:* se deduce del triple criterio señalado para el «pecado mortal», arriba señalado;

—*cierta advertencia:* la suficiente para que pueda hablarse de acto humano;

—*algún conocimiento:* se requiere cierta intervención de la voluntad.

4. Una materia leve puede dar lugar a un pecado grave en algunos casos:

—*por el fin:* un fin gravemente malo puede hacer esa acción gravemente mala, por ejemplo, una injuria leve para provocar una blasfemia;

—*por desprecio de la ley que solo obliga levemente:* porque injuria al autor de esa ley;

—*por escándalo:* una acción en sí leve puede producir un grave escándalo;

—*por ser ocasión de pecado grave:* ponerse en peligro inminente de pecar;

—*por acumulación de materia* (en los pecados que la admitan): cuando se tiene intención de cometer un hurto grave por medio de pequeñas substracciones. Pero una serie de pecados veniales, por sí mismos, no puede constituir un pecado grave.

5. Un pecado grave —según la materia— puede ser subjetivamente leve por dos motivos:

—*imperfección del acto:* cuando falta la advertencia o el consentimiento debidos;

—*parvedad de materia:* si no se conculca esencialmente lo preceptuado.

6. En la especificación de los pecados se precisa tener a la vista la distinción según la «especie» (clase) y según el «número»:

a) Distinción específica: Es la distinción que cabe hacer entre los actos moralmente malos porque se refieren a distintos objetos o porque van contra diversas virtudes o conculcan distintos preceptos, por ejemplo, un solo acto puede lesionar dos ámbitos morales distintos. Es preciso consignar que en esto se ha exagerado: se trata de un formalismo ya bastante superado. Sin embargo, cuando se da tal caso, se trata de que un pecado más grave por cuanto lesiona varias virtudes. No obstante, para algunos casos, cabe formular dos principios morales:

—Un solo acto puede constituir diversos pecados, porque falta contra virtudes diversas o quebranta varios preceptos simultáneamente: el adulterio, por ejemplo, es un pecado contra la castidad y contra la justicia; es decir, es un pecado especialmente grave.

—Por razón del objeto, se comenten varios pecados —numéricamente diversos— aun bajo una única decisión de la libertad, cuantas veces se decide la ejecución del mismo acto, conforme se precisa en el apartado siguiente.

b) Distinción numérica: Se refiere al número concreto de actos que cabe hacer contra una virtud o incumplimiento de lo preceptuado por la ley. También cabe formular dos principios:

—Para que pueda hablarse de «varios pecados», se requiere que se trate de actos humanos distintos y, en general, que medie entre ellos cierto espacio de tiempo. Se trata de actos moralmente interrumpidos.

—Con un solo acto se pueden cometer varios pecados, por ejemplo, un atentado terrorista que mata a varias personas comete tantos asesinatos como personas fallecidas.

—En la Confesión Sacramental, para su validez, se requiere que se confiesen todos los pecados mortales «según la especie y según el número». Pero en ambos casos es preciso huir de un cómputo meramente cuantitativo. Las circusntancias del penitente pueden señalar la pauta para exclarecer ambas condiciones.

La opción fundamental y los actos concretos

Es normal que, al valorar la actividad moral de la persona, se acuda a su disposición habitual y a los actos concretos que se realizan en las diversas circunstancias en las que se actúa. La moral siempre ha valorado de modo distinto el acto singular cometido, en relación a la disposición habitual del sujeto (advertencia y libertad). Por ejemplo, cuando se duda si tal acto es o no pecado se emplea el siguiente criterio: si el individuo acostumbraba a no pecar en esa materia, se juzgaba que aquella acción singular no debía considerarse como pecado. Por el contrario, si el sujeto cometía de ordinario aquella falta, debía deducirse que, la acción concreta de la que se dudaba si era o no un pecado, también sería pecado.

En estos casos, se valoraba la integridad del acto, por cuanto se juzgaba si había sido ejecutado con la advertencia y el consentimiento debidos. A nadie se le oculta que este criterio es de gran utilidad pastoral y para el criterio personal.

Ahora bien, la consideración personalista de la moral cristiana —que es tan importante y que tanto ha enriquecido el estudio de la Teología Moral— llevó a algunos moralistas a afirmar que para que se pudiese imputar un pecado grave, la persona debería optar claramente por él, y esto en virtud de una decisión fija, constante y, en lo que cabe, definitiva. Es lo que se ha venido en denominar «opción fundamental».

La teoría de la «opción fundamental» en algunos autores tiene dos insuficiencias: Primero, excederse en describirla como algo que la persona hace ordinariamente en su comportamiento moral y segundo, dado que se llegue a formular dicha elección radical, que todos los actos singulares deberían medirse solo a la luz de aquella opción.

La doctrina moral correcta sobre el tema es la siguiente: En primer lugar, se ha de procurar que los cristianos hagan una «opción fundamental» por Jesucristo; pero, al mismo tiempo, se debe admitir la eticidad de cada uno de los actos, dado que cabe que alguien opte por Cristo y sin embargo en ocasiones cometa el mal.

Con este doble criterio, se concede un valor a la elección fundamental por un tipo de vida según el Evangelio, y, al mismo tiempo, se reconoce que la persona se conduce moralmente en todos y cada uno de sus actos singulares. Esta es la enseñanza del Magisterio sobre el tema:

> «Sin duda que la opción fundamental es la que define en último término la condición moral de la persona. Pero una opción fundamental puede ser cambiada totalmente por actos particulares, sobre todo, cuanto éstos hayan sido preparados, como sucede fácilmente, con actos anteriores más superficiales. En todo caso no es verdad que actos singulares no son suficientes para constituir un pecado mortal» *(PH*, 10).

Principios morales

Es evidente que el pecado tiene por sí mismo una especial relevancia en la vida moral de toda persona. De aquí que su influencia en la actuación del hombre ha de ser éticamente regulada. A este respecto cabría formular los siguientes principios:

1. «La raíz de todos los pecados está en el corazón del hombre. Sus especies y su gravedad se miden principalmente por su objeto» *(CEC*, 1873). En consecuencia, para valorarlo se ha de

atender al corazón y a la objetividad del acto que se comete o se omite.

2. El «pecado material» no es propiamente pecado. Por ello no es objeto de arrepentimiento ni de perdón. Solo el «pecado formal» se considera falta moral.

3. Los pecados internos, de ordinario, tienen la misma gravedad y pertenecen a la misma especie que los pecados que se ejecutan exteriormente, aunque el hecho externo añada la confirmación de una voluntad más decidida en el mal, y muchas veces ocasione daños al prójimo.

4. Los «pecados de omisión» son de la misma especie teológica que los «pecados de comisión»; de ordinario, tienen la misma gravedad que éstos; solo las circunstancias que motiven la omisión pueden influir en la calificación teológica de los mismos.

5. Ponerse voluntariamente en ocasión próxima de pecar gravemente, sin causa grave proporcionada, constituye en sí mismo pecado.

6. Si se toman las cautelas debidas para evitar el pecado, es lícito ponerse en ocasión próxima de pecar gravemente, siempre que exista una causa grave y proporcionada.

7. Cuando exista una ocasión tan solo remota de pecar, deben tomarse las precauciones debidas, pero se puede actuar sin cometer pecado alguno.

8. El pecado habitual —originado de un vicio contraído— puede disminuir la gravedad de un acto singular. Pero se tiene la obligación grave de luchar por eliminar ese mal hábito adquirido. No obstante, el pecado reiterado, por sí mismo, no disminuye la culpabilidad.

9. En ocasiones, el pecado habitual supone una gravedad peculiar en los actos particulares, a causa de la malicia que le añade la actitud constante de menosprecio del acto pecaminoso.

10. Cuando se trata de actos moralmente interrumpidos, se cometen diversos pecados, dado que se trata de actos humanos distintos.

11. Para la integridad de la confesión es preciso tener en cuenta la «distinción específica y numérica» de los pecados.

12. Es pecado sentir tristeza deliberada de haber dejado pasar una ocasión de pecado que se presentó, sin aprovecharla.

13. Cometer el pecado es una decisión de la libertad; de aquí que debe aplicarse el sabio principio psicológico: «sentir no es consentir». Este principio tiene aplicación en el amplio campo de los pecados internos y con referencia a todas las pasiones humanas, no solo a la sexualidad.

14. Valorar los pecados internos, evitarlos, cuidar la bondad en los juicios y la pureza de corazón son un medio excelente para evitar el pecado y para la formación de la conciencia.

15. El pecado reiterado en la misma materia lleva a la adquisición del vicio opuesto a la virtud y es el camino de la corrupción moral de la persona.

16. El hombre está sometido de continuo a la tentación. Las tentaciones en sí mismas no son malas ni constituyen pecado, pero inclinan a él. Por ello, es preciso vencer las tentaciones para lo cual ha de recurrirse a la ayuda de los Sacramentos y a la oración, tal como se formula en una de las peticiones del Padrenuestro.

Siguiendo la doctrina bíblica y la enseñanza de la tradición, el papa Benedicto XVI advertía sobre el mal que en sí mismo encierra el pecado, pues «destruye a quien lo comete y deteriora la convivencia»; pero, al mismo tiempo, recordaba que la muerte de Cristo ha expiado los pecados de todos los hombres:

«El pecado del hombre ha sido expiado una vez por todas por el Hijo de Dios (cf. *Hb* 7,27; *1 Jn* 2,2: 4,10). En su muerte en la cruz se realiza ese ponerse Dios contra sí mismo, al entregarse para dar nueva vida al hombre y salvarlo: esto es el amor en su forma más radical. En el Misterio pascual se ha realizado verdaderamente nuestra liberación del mal y de la muerte» (Exhortación apostólica *Sacramentum caritatis*, 9).

Además, los relatos del NT muestran que Jesús está siempre dispuesto al perdón, hasta el punto de afirmar que «el Hijo del hombre vino a buscar y salvar lo que estaba perdido» *(Mt* 18,11; *Lc* 19,10). En el orden moral no existen, pues, situaciones perdidas, porque, cuando el hombre se vuelve a Dios, recibe siempre el perdón. Del tema no ocuparemos más extensamente en el siguiente capítulo.

Capítulo X
LA CONVERSIÓN DEL PECADOR

Dignidad de la persona y conciencia de pecado. Necesidad de redención

El pecado encierra un doble mal: la ofensa a Dios y el deterioro de la vocación original del hombre. En efecto, el pecado ofende la grandeza de Dios que, como Creador y Padre, debe ser reconocido y amado por el ser racional. Asimismo el pecado envilece la dignidad humana, puesto que impide que la persona alcance la santidad de vida que le es debida en su condición de criatura hecha a imagen de Dios. Y, en el caso del bautizado, los efectos son aún más graves por cuanto el pecado deteriora la «nueva vida», dado que el cristiano no se conduce de acuerdo con la dignidad de hijo de Dios que le es propia.

Además, como se consigna en la pluralidad de los términos con los que se significa la realidad del pecado —tal como se ha escrito en el *capítulo IX*—, la etimología de ese mismo término indica el cúmulo de males que le ocasiona al hombre y a la mujer, hasta el punto de que no solo pierden su dignidad original, sino que se degradan profundamente.

Esos males contra Dios y el hombre que acarrea el pecado están consignados en el *Catecismo de la Iglesia Católica* en términos de verdadera catástrofe, pues el mal moral que denominamos «pecado» ofende a Dios, desvía el sentido último de la creación, maltrata la dignidad humana y perturba la convivencia entre los hombres:

> «El pecado es una falta contra la razón, la verdad, la conciencia recta; es faltar al amor verdadero para con Dios y para con el prójimo, a causa de un apego perverso a ciertos bienes. Hiere la naturaleza del hombre y atenta contra la solidaridad humana. Ha sido definido como una palabra, un acto o un deseo contrarios a la ley eterna... El pecado es una ofensa a Dios... El pecado se levanta contra el amor que Dios nos tiene y aparta de Él nuestros corazones. El pecado es así "amor de sí hasta el desprecio de Dios" (San Agustín). Por esta exaltación orgullosa de sí, el pecado es diametralmente opuesto a la obediencia de Jesús que realiza la salvación» *(CEC,* 1849-1850).

Ante hechos tan destructivos, parece lógico que Dios no se haya mantenido al margen de esta situación calamitosa a la que el pecado había conducido a la entera humanidad. Pues un Dios que ha creado al hombre a su «imagen y semejanza» y se ha comprometido con él hasta los límites que señala la Biblia, no quiso permanecer indiferente a los males que le aquejan. Por eso, inmediatamente después del castigo que siguió al pecado de origen *(Gen* 3, 15), Dios prometió al hombre la salvación.

Más tarde, con la elección de Abraham (siglo XX-XIX a. Cristo), Dios decide cumplir esa promesa de salvación, y, lentamente a partir de esa fecha, dispone las cosas para que veinte siglos después se lleve a cabo la redención de la humanidad. A esa etapa que finaliza con la Encarnación del Verbo, preceden numerosos actos de intervención divina, tales como la liberación de la esclavitud de Egipto, la elección de Israel, el pacto de la alianza, los cuidados amorosos al pueblo en el desierto, el gobierno providente a través de los Patriarcas y de los Profetas, la reiterada promesa de salvación en los momentos difíciles de la historia de Israel, etc.

La razón última de la salvación de la humanidad por parte de Dios es que la historia confirma que el hombre no es capaz por sí mismo de salir de la condición de pecador. Más aún, la comunidad humana se va deteriorando progresivamente, pues la suma de los pecados personales da lugar a una «sociedad de pecado» *(pecado social)*, que potencia el mal y origina situaciones que le inclinan al pecado y lo fomentan *(estructuras de pecado)* hasta límites insospechados. Esa lastimosa situación de la que la entera historia de la humanidad es testigo, demandaba que Dios no estuviese ajeno a esta desventura, sino que saliese al encuentro del hombre ofreciéndole la salvación.

La llamada a la conversión

Pero, para quitar cualquier automatismo contrario a la libertad, era preciso que el hombre reconociese su triste situación y se arrepintiese de sus pecados. La Biblia menciona numerosas ocasiones en las que Dios pide al hombre que se enmiende y cambie de conducta.

Antiguo Testamento

Ya los once primeros capítulos del Génesis —que narran la prehistoria de la humanidad—, junto a los castigos que Dios le inflige por sus pecados, recogen la promesa de que Yahvéh no castigará más a los hombres al modo como lo ha llevado a cabo en el diluvio *(Gen* 8, 21-22; 9, 11). Esa promesa va acompañada de la alianza que Dios establece con Noé después del castigo universal *(Gen* 6, 18; 9, 9-17).

Pero, si las promesas de salvación se repiten más reiteradamente desde que Yahvéh elige a Abraham para preparar la venida del Mesías, al mismo ritmo Dios demanda del pueblo que se corrija de sus faltas, que haga penitencia y que se convierta a una nueva vida. Los testimonios bíblicos con muy abundantes. Así, en el Antiguo Testamento cabe mencionar dos tipos de textos: unos que narran las llamadas de los profetas a la conversión y otros que recogen las prácticas penitenciales que permanecen como ritos en el culto judío.

Las llamadas a la conversión se repiten sin excepción al menos en los casos en que el pueblo ha desobedecido los planes de Yahvéh y se separó de Él por el pecado. Esta es la misión de los Profetas, de forma que, en la invitación a la conversión, se concreta el papel principal del profetismo de Israel. Así, por ejemplo, Oseas clama: «Vuelve, Israel, a Yahvéh tu Dios, pues has tropezado por tus culpas» *(Os* 14, 2). Ezequiel sentencia: «En cuanto al malvado, si se aparta de todos los pecados que ha cometido, si observa todos mis preceptos y practica el derecho y la justicia, vivirá sin duda, no morirá» *(Ez* 18, 21). Jeremías manifiesta el deseo divino de que el pueblo se arrepienta y se convierta, lo que posibilitará el perdón de Dios: «Puede que oigan y se torne cada cual de su mal camino, y yo me arrepentiré del mal que estoy pensando hacerles por la maldad de sus obras» *(Jer* 26, 3). Finalmente, los *Salmos* expresan el sentimiento de dolor por la infidelidad del pueblo y de los individuos. A este respecto, conviene citar el salmo «Miserere» *(Sal* 50). Estos textos son solo una muestra, puesto que la literatura profética y sapiencial están llenas de amenazas y de llamadas a la conversión para evitar el castigo divino.

Otra serie de testimonios relatan el culto del pueblo a Yahvéh en el que algunos ritos son propiciatorios *(Num* 16, 6-15; *Jue* 10, 10-16) y en los que abundan las peticiones de perdón al Dios ofendido *(1 Rey* 8, 33-40. 46-51). Otras veces son las llamadas a la penitencia y a los ayunos voluntarios para obtener el perdón *(Joel* 1-2; *Is* 22, 12). Sobre todo, después de la cautividad, el pue-

blo adquiere conciencia de su infidelidad y reproduce e institu-
cionaliza algunas prácticas penitenciales *(Esd* 9, 5-15; *Dan* 9,
4-19, etc.).

Nuevo Testamento

Las invitaciones a la conversión no son menos insistentes en
el Nuevo Testamento. Efectivamente, el mensaje de salvación de
la nueva alianza se abre con la predicación de Juan Bautista que
casi se concreta en una insistente llamada a la conversión. La
proximidad de la llegada del Mesías hace que el estilo de la predicación del Precursor tenga un tono de recriminación y de castigo, si bien incluye también el aliento para un cambio de vida
(Mt 3, 1-12; *Mc* 1, 1-8; *Lc* 3, 7-17).

También la predicación de Jesucristo se inicia con una llamada apremiante a la conversión, pues señala que es la condición
previa para entender la «buena nueva»: «Arrepentíos y creed en el
Evangelio» *(Mc* 1, 15). A partir de este prólogo, las llamadas a la
conversión son reiteradas *(Mc* 6, 12); Jesús recuerda los castigos
en el caso de que no se arrepientan *(Mt* 11, 20-24; *Lc* 10, 13-16);
amenaza con un juicio severo a los judíos si no cambian de vida
(Lc 11, 29-32)... El resumen de esta predicación de conversión y
de penitencia cabe sintetizarlo en este texto, a modo de ultima-
tum, que recoge San Lucas: «Yo os digo que si no hiciereis penitencia, todos igualmente pereceréis» *(Lc* 13, 3. 5). El *Catecismo
de la Iglesia Católica* reseña la predicación de Jesús sobre la conversión en los siguientes términos:

«Ya en el *Sermón de la Montaña*, Jesús insiste en la *conversión del corazón*: la reconciliación con el hermano antes de
presentar una ofrenda sobre el altar (cfr. *Mt* 5, 23-24), el
amor a los enemigos y la oración por los perseguidores
(cfr. *Mt* 5, 44-45), orar al Padre en lo secreto *(Mt* 6, 6), no

gastar muchas palabras (cfr. *Mt* 6, 14-15), la pureza del corazón y la búsqueda del Reino (cfr. *Mt* 6, 21. 25. 33). Esta conversión se centra totalmente en el Padre, es lo propio de un hijo» *(CEC,* 2608).

En todo caso, además de las citas explícitas, todo el contexto del Nuevo Testamento contiene un llamamiento apremiante a la conversión. Jesús insiste, lo exige y lo urge con estas palabras. «Entrad por la puerta estrecha...» *(Mt* 7, 13-14). Y su encargo final a los Apóstoles es que prediquen la conversión y la penitencia *(Lc* 24, 47).

Conforme a este mandato, los Apóstoles, tal como consta por los demás escritos del N.T., insistieron reiteradamente en la necesidad de convertirse para bautizarse y recibir el Evangelio. Ya en la primera presentación del cristianismo, a la pregunta de los primeros convertidos: «hermanos, ¿qué hemos de hacer?», San Pedro responde: «Arrepentíos y bautizaos en el nombre de Jesucristo para remisión de vuestros pecados, y recibiréis el don del Espíritu Santo» *(Hech* 2, 37-38). Este imperativo se repite a lo largo de la primera extensión del cristianismo entre los judíos y en la amplia geografía de Grecia y Roma (cfr. *Hech* 11, 18; 14, 15; *Rom* 2, 4-11; *2 Cor* 3, 16, etc.).

La historia posterior confirma que los Santos Padres continuaron alentando a las distintas comunidades a un cambio de vida en la medida en que querían recibir el Bautismo y siempre que, ya bautizados, los fieles no vivían las exigencias éticas de la vida cristiana o no encarnaban el espíritu del Evangelio. De hecho, la «historia de la penitencia» es un capítulo importante de la Historia de la Iglesia.

Lo mismo que Jesús, la Iglesia de nuestro tiempo, ante un mundo que pierde el sentido del pecado, responde con la llamada a la conversión. Tal es el contenido de uno de los escritos más importantes de Juan Pablo II, *Reconciliación y penitencia.* Por su parte el *Catecismo de la Iglesia Católica* enseña:

«El Señor Jesús, médico de nuestras almas y de nuestros cuerpos, que perdonó los pecados al paralítico y le devolvió la salud del cuerpo (cfr. *Mc* 2, 1-12), quiso que su Iglesia continuase, con la fuerza del Espíritu Santo, su obra de curación y de salvación, incluso en sus propios miembros. Esta es la finalidad de los dos sacramentos de curación: del sacramento de la Penitencia y de la Unción de los enfermos» *(CEC,* 1421).

Sentido de la conversión

La conversión en el Nuevo Testamento tiene algunas características propias. Se trata de que el hombre abandone su vida de pecado y se vuelva a Dios, a quien ha de servir como su Creador y al que ha de amar como Padre. Al mismo tiempo, la conversión, como queda dicho, es una llamada a la dignidad de la persona con el fin de que recupere su calidad de criatura hecha a imagen de Dios y se conduzca de acuerdo con la dignidad de hijo. En este sentido, la conversión proclamada por el Evangelio se caracteriza por las siguientes notas:

a) En primer lugar va dirigida a los pecadores *(Lc* 3, 12-13), incluso a los paganos *(Lc* 3, 14). La conversión pretende que todo hombre recobre su dignidad primera, tal como Dios lo había dispuesto desde el principio.

b) La conversión abarca incluso a los que se consideran justos *(Mt* 3, 7-12). También los buenos han de acomodarse al nuevo programa propuesto por Jesucristo, pues supera lo estrictamente «justo» y demanda la santidad de vida.

c) La conversión no se refiere a aspectos parciales de la vida, sino que abarca a toda la persona e incluye la totalidad de la existencia *(Mt* 3, 8; *Lc* 3, 10-14). En este sentido, la conversión predicada por Jesús responde a la «novedad de vida» que marca el ámbito de la gracia sobrenatural.

d) En cuanto a la significación exacta de la conversión, cabe deducirla del análisis del vocablo con que se expresa. En efecto, en el A.T. se usa el término «shuh», que significa un «cambio de camino». En la expresión figurativa y alegórica del lenguaje semita, «cambiar de camino» equivalía a una modificación de rumbo en la vida, lo que incluía una transformación profunda en el modo de vivir y de comportarse. Por el contrario, en el N.T. se usa el término «metánoya», que cabe traducir por «cambio de mentalidad». Este significado es muy cercano al pensamiento griego, dado que, si para la concepción griega, el hombre era un animal que tenía «logos», la conversión demandaba, a su vez, una modificación sustancial, precisamente en aquello que es específico del hombre, o sea su razón.

e) La conversión es libre, pues Dios no violenta la libertad de los hombres. De hecho, en casi todas las reiteradas llamadas de Jesús, precede el condicional «Si quieres...». La decisión libre del hombre de apostar por Dios es una consecuencia del sentido mismo de la fe que es una respuesta libre del hombre a la llamada de Dios. La Declaración *Dignitatis humanae* del Concilio Vaticano II enseña: «Ciertamente, Dios llama a los hombres a servirle en espíritu y en verdad. Por ello, quedan vinculados por su conciencia, pero no coaccionados [...] Esto se hizo patente, sobre todo, en Cristo Jesús» *(DH*, 11). Y la razón la expresa el mismo texto de la Declaración: «Cristo dio testimonio de la verdad, pero no quiso imponerla por la fuerza a los que le contradecían. Pues su reino [...] crece por el amor con que Cristo, exaltado en la cruz, atrae a los hombres hacia Él» *(DH*, 11).

f) A la conversión personal contribuye la acción penitencial del hombre, pero se inicia y se consuma por la acción del Espíritu Santo. Esta es la enseñanza del *Catecismo de la Iglesia Católica:*

«La primera obra de la gracia del Espíritu Santo es la *con-versión,* que obra la justificación según el anuncio de Jesús al comienzo del Evangelio: "Convertíos porque el Reino de los cielos está cerca" *(Mt* 4, 17). Movido por la gracia, el hombre se vuelve a Dios y se aparta del pecado, acogiendo así el perdón y la justicia de lo alto. "La justificación entraña, por tanto, el perdón de los pecados, la santificación y la renovación del hombre interior" (Cc. de Trento. DS 1528)» *(CEC,* 1889).

g) En la predicación de Jesús, la conversión forma una unidad dentro del plan total de salvación, hasta el punto que redención y salvación se coposibilitan mutuamente. Así se expresa el *Catecismo de la Iglesia Católica*:

> «Jesús invita a *los pecadores* al banquete del Reino: "No he venido a llamar a los justos sino a los pecadores" *(Mc* 2, 17, cfr. *1 Tim* 1, 15). Les invita a la conversión, sin la cual no se puede entrar en el Reino, pero les muestra de palabra y con hechos la misericordia sin límites de su Padre hacia ellos (cfr. *Lc* 15, 11-32) y la inmensa "alegría en el cielo por un solo pecador que se convierta" *(Lc* 15, 7). La prueba suprema de este amor será el sacrificio de su propia vida"para remisión de los pecados"» *(CEC,* 545).

Como conclusión, cabe señalar que el concepto bíblico de «conversión» entraña que, si el hombre quiere ser verdaderamente buen hijo de Dios, si desea unirse a Cristo y disponerse para entender y asimilar su mensaje, debe practicar el bien, lo cual logra alcanzarlo mediante un cambio de conducta (de camino). Y para ello, también deberá cambiar de modo de pensar, pues, como enseña San Pablo: «El hombre carnal no entiende las cosas del Espíritu de Dios; son locura para él y no puede entenderlas, porque hay que juzgarlas espiritualmente. Al contrario, el hombre espiritual lo entiende todo, pero a él nadie puede juzgarle» *(1 Cor* 2, 14-15).

Necesidad de la lucha ascética

El hecho tan frecuente del pecado en la historia de la humanidad y la disposición del hombre tan proclive al mal, como consecuencia del pecado de origen, postulan que la persona no solo domine sus inclinaciones al pecado, sino que se esfuerce por llevar un estilo de vida que le facilite ejercitar el bien y le aleje del mal, colaborando así con la gracia, que postula un recurso constante a la oración, a la mortificación y a la frecuencia de los sacramentos. La moral cristiana es una moral de gracia, lo que significa la primacía de la iniciativa divina sobre la acción humana.

Pues bien, en este campo juegan un papel importante los sentimientos o pasiones. A este respecto conviene advertir que, en lenguaje popular, las «pasiones» suelen entenderse como sinónimas de «pecado».

No obstante, las pasiones no son en sí malas, pues constituyen un «componente del psiquismo humano». El amor (como pasión y no como acto de la voluntad), por ejemplo, es una gran pasión. De aquí el dicho de San Agustín: «Las pasiones son malas si el amor es malo, buenas si es bueno». En rigor, habría que afirmar que las pasiones no son ni buenas ni malas, sino que son buenas cuando contribuyen a hacer el bien y malas cuando se emplean en la ejecución del mal. Más aún, las pasiones malas refuerzan el mal y las buenas potencian el bien. Su papel en el comportamiento moral del hombre deriva del verdadero concepto que se tenga de ellas. Cabe definirlas del modo siguiente:

> «Los sentimientos o pasiones designan las emociones o impulsos de la sensibilidad que inclinan a obrar o no obrar en razón de lo que es sentido o imaginado como bueno o como malo» *(CEC, 1763).*

En consecuencia, las pasiones no son lo último en la decisión del actuar, sino que como «impulsos de la sensibilidad» influyen en la ejecución de un acto en cuanto presentan al entendimiento como «verdad» —o sea, lo que en sí es «bueno» o «malo»— y presionan sobre la libertad para que se decida conforme a lo que, a su parecer, es bueno o malo. Lo cual indica que, cuando la persona humana no tiene suficiente amor a la verdad o carece de una voluntad firme para decidirse por el bien, entonces las pasiones pueden orientarla equivocadamente por el mal, dado que en muchas circunstancias el pecado es lo más fácil de realizar y además lo que se elige puede ser que fomente los bajos instintos del hombre.

Pues bien, con el fin de dominar las pasiones, la persona debe ejercitarse en una vida ascética, mediante la cual logre un dominio sobre esas «emociones o impulsos de la sensibilidad». Cuando el hombre alcanza a dominar los sentimientos pasionales, le es más fácil tener una lucidez mental para detectar el bien y el mal. Al mismo tiempo que, liberada del influjo malo de las pasiones, la voluntad puede decidirse más fácilmente por el bien.

En consecuencia —y como es obvio— la vida moral del cristiano no consiste en aniquilar las pasiones, sino en orientarlas rectamente, pues, al modo como pueden inclinar al hombre hacia el mal, también juegan un papel decisivo para ejercitar el bien. Esto acontece cuando la persona es capaz de orientar toda su vida sensitiva hacia Dios, pues, como enseña el *Catecismo*, «cuando se vive en Cristo, los sentimientos humanos pueden alcanzar su consumación en la caridad y la bienaventuranza divina» *(CEC, 1770)*.

Cabe aún decir más, tanto la razón como la libertad alcanzan su plenitud si se potencian por los sentimientos, lo cual favorece que el hombre lleve a cabo una actividad de un modo inteligente y libre, porque, como escribe San Josemaría Escrivá, «la lucha ascética no es algo negativo ni, por tanto, odioso, sino afirmación alegre. Es un deporte. El buen deportista no lucha para alcanzar una sola victoria, y al primer intento. Se prepara, se entrena durante mucho tiempo, con confianza y serenidad:

prueba una y otra vez y, aunque al principio no triunfe, insiste tenazmente, hasta superar el obstáculo» *(Forja,* 169).

Pero la ascética cristiana no se identifica con el esfuerzo humano para ser dueño de uno mismo, no es un rigorismo voluntarista, sino que la verdadera ascesis, dado que conduce a la persona a que viva la plenitud de su vocación, no es posible alcanzarla con solo el esfuerzo humano, sino que requiere la ayuda de Dios. En esta tarea cobra una importancia decisiva e imprescindible la oración y la recepción de los sacramentos.

En resumen, la vida ascética como medio para conducirse moralmente, es la colaboración activa del hombre a la gracia sobrenatural de Dios que facilita que la persona alcance la perfección a que está llamada en virtud de la nueva vida recibida en el Bautismo. En todo momento, el cristiano debe ser consciente de la advertencia de Jesús: «Sin mí no podéis hacer nada» *(Jn* 15, 5*).* Al mismo tiempo, confiando en la gracia de Dios, ha de experimentar la sentencia de San Pablo: «Todo lo puedo en Aquél que me conforta» *(Fil* 4, 13).

La existencia moral del cristiano se mueve entre el «todo» que es posible con la ayuda de Dios y la «nada» que representa el esfuerzo humano en sí mismo. «Todo-nada» son los límites que han marcado en sus escritos esos grandes testigos de la fe que son los místicos.

El sacramento de la Penitencia y de la Reconciliación

En el marco del pecado y de la penitencia es donde tiene sentido y se ha de comprender el Sacramento de la Reconciliación. En efecto, si el hombre es un ser caído y con frecuencia peca, necesitará arrepentirse de su mala conducta para ser perdonado. Por ello se entiende que Jesús no solo perdonase los pecados *(Mc* 2, 7), sino que también haya «institucionalizado» la manera concreta de administrar el perdón. La Confesión

Sacramental es, por designio expreso de Jesús, el camino normal del perdón de los pecados para aquellos que creen en Él. Su institución se encuentra explícitamente en el Evangelio:

«Como me envío mi Padre, así os envío yo. Diciendo esto sopló y les dijo: Recibid el Espíritu Santo; a quien perdonareis los pecados, les serán perdonados; a quienes se los retuvieseis, les serán retenidos» *(Jn* 20, 22-23*).*

Según el Evangelio de San Lucas, esta fue la última recomendación de Jesús a los Apóstoles antes de la ascensión:

«Entonces les abrió la inteligencia para que entendiesen las Escrituras, y les dijo que así estaba escrito, que el Mesías padeciese y al tercer día resucitase de entre los muertos, y que se predicase en su nombre la penitencia para la remisión de los pecados a todas las naciones comenzando por Jerusalén» *(Lc* 24, 45-47).

La potestad de perdonar los pecados se denomina técnicamente «el poder de las llaves», pues, con esa imagen semita, se indica el poder divino de perdonar. Como consta por el Evangelio, los judíos sabían que «solo Dios dispone de la potestad de perdonar los pecados» *(Mc* 2, 7). Pues bien, este poder del que hizo gala Jesucristo *(Mt* 9, 1-8; *Mc* 2, 1-11; *Lc* 5, 20-22; *Jn* 8, 1-11), se lo transmitió de modo expreso a los Apóstoles y a sus sucesores. La Iglesia se sintió siempre revestida de este poder que reciben los sacerdotes en virtud de la gracia que les concede el Sacramento del Orden. El *Catecismo de la Iglesia Católica* resume así este hecho:

«Cristo, después de su Resurrección, envió a sus Apóstoles a predicar "en su nombre la conversión para perdón de los pecados a todas las naciones" *(Lc* 24, 47). Este "ministerio de la reconciliación" *(2 Cor* 5, 18), no lo cumplieron los apóstoles y sus sucesores anunciando solamente a los hombres el perdón de Dios merecido para nosotros por Cristo y llamándoles a la conversión y a la fe, sino comunicándoles también la remisión de los pecados por el Bautismo y reconciliándolos con Dios y con la Iglesia gracias al poder de las llaves recibido de Cristo» *(CEC, 981)*.

La tradición de la Iglesia ha exaltado siempre este admirable poder de perdonar los pecados. Dado que el mal moral es el verdadero enemigo que daña la vida humana, parece lógico que Dios-Padre proveyese algún modo de reconciliarse con Él. Como consecuencia del perdón, el pecado no pesa sobre el hombre como una losa ni origina traumas psicológicos en la conciencia del individuo, pues el sentimiento de culpa tiene salida con el perdón que Dios otorga. Recordando este admirable poder, San Agustín escribe:

> «La Iglesia ha recibido las llaves del Reino de los cielos, a fin de que se realice en ella la remisión de los pecados por la sangre de Cristo y la acción del Espíritu Santo. En esta Iglesia es donde revive el alma, que estaba muerta por los pecados, a fin de vivir con Cristo, cuya gracia nos ha salvado» *(Sermón 214, 11)*.

Y en otro sermón, San Agustín añadía:

> «Si en la Iglesia no hubiera remisión de los pecados, no habría ninguna esperanza, ninguna expectativa de una vida eterna y de una liberación eterna. Demos gracias a Dios que ha dado a la Iglesia semejante don» *(Sermón 213, 8)*.

Historia del Sacramento de la Penitencia

Desde su inicio, la Iglesia se sintió depositaria de este poder y lo administró a los fieles pecadores. En todo momento los pastores alentaron a los creyentes a que se arrepintiesen de sus pecados y retornasen a la Iglesia ofreciendo el modo adecuado para conseguirlo.

No obstante, consta por la obra el *Pastor de Hermas* que, desde mediados del siglo II, la penitencia se administraba solo una vez en la vida: por referencia al Bautismo («tabla de salvación»), a la Penitencia se la denominaba la «segunda tabla de salvación». Las exigencias de la moral cristiana en esa época cercana a la vida de Jesús, el fervor de las primeras comunidades y las continuas persecuciones, quizás fueron las razones que motivaban ese rigor.

En torno al siglo V empieza a administrarse con mayor frecuencia, pero la facilidad de confesarse se contrarrestaba con la dureza de la penitencia que se imponía a los que pedían reconciliarse con la Iglesia.

La historia posterior concluye con la práctica actual que data al menos del Concilio IV de Letrán (1215), el cual estableció que los cristianos debían confesarse una vez al año.

El hecho es que la forma concreta de administrar este Sacramento ha variado a lo largo de los siglos. El *Catecismo de la Iglesia Católica* relata la historia de la administración de este Sacramento en los siguientes términos:

«A lo largo de los siglos la forma concreta, según la cual la Iglesia ha ejercido este poder recibido del Señor, ha variado mucho. Durante los primeros siglos, la reconciliación de los cristianos que habían cometido pecados particularmente graves después de su Bautismo (por ejemplo, idolatría, homicidio o adulterio), estaba vinculada a una disciplina muy rigurosa, según la cual los penitentes debían hacer *penitencia* pública por sus pecados, a menudo, durante largos años, antes de recibir la reconciliación. A este "orden de los penitentes" (que solo concernía a ciertos pecados graves) solo se era admitido raramente y, en ciertas regiones, una sola vez en la vida. Durante el siglo VII, los misioneros irlandeses, inspirados en la tradición monástica de Oriente, trajeron a Europa continental la práctica "privada" de la Penitencia, que no exigía la realización pública y prolongada de obras de penitencia antes de recibir la reconciliación con la Iglesia. El sacramento se realiza desde entonces de una manera más secreta entre el penitente y el sacerdote. Esta nueva práctica preveía la posibilidad de la reiteración del sacramento y abría así el camino a una recepción regular del mismo. Permitía integrar en una sola celebración sacramental el perdón de los pecados graves y de los pecados veniales. A grandes líneas, ésta es la forma de penitencia que la Iglesia practica hasta nuestros días» *(CEC,* 1447).

Condiciones para su recepción

En relación a la forma concreta de recibirlo para que obtenga su efecto, la doctrina moral de la Iglesia enumera varias condiciones. Son los denominados «actos del penitente», es decir, las disposiciones que ha de tener el pecador para obtener el perdón que demanda. Son las cinco siguientes:

1.ª Examen de conciencia. El penitente debe conocer con exactitud su situación moral, para ello ha de hacer una reflexión sincera sobre todos los pecados graves cometidos desde la última confesión. No se trata de una «contabilidad matemática», sino de un reconocimiento de su situación real ante Dios.

2.ª Dolor de corazón. Para obtener el perdón de sus culpas, es condición indispensable que, a la vista de sus pecados, se arrepienta de ellos. El «dolor» equivale a un pesar de haber ofendido a Dios. Si este pesar brota del amor a Dios, se denomina «contricción»; si solo es motivado por temor al castigo, se le designa con el término de «atricción».

3.ª Propósito de la enmienda. Como disposición íntima-mente unida al dolor de los pecados, se requiere que no pacte con el mal que ha cometido, sino que ha de estar dispuesto a mejorar de vida. Es el acto más importante del penitente des-pués del dolor. El propósito es una consecuencia de la contri-ción, de forma que si no tiene propósito de mejora, no obtiene el perdón. Tal propósito puede existir aunque se prevea que volverá a reincidir en los mismos pecados.

4.ª Confesión de los pecados. Seguidamente, el penitente, con humildad, debe manifestar al confesor sus pecados graves, según la especie y según el número. La confesión individual, auricular y secreta ante el confesor es el modo ordinario de confesarse en la Iglesia. También es conveniente y muy fruc-tuosa la confesión de los pecados veniales.

5.ª Satisfacción de obra. Por último, el penitente debe cum-plir aquella penitencia que le impuso el confesor como satisfac-ción por sus pecados.

Conclusión

Este es el pensamiento cristiano acerca del mal moral que denominamos «pecado» y también sobre el modo concreto de obtener el perdón. La cultura laicista podrá profesar otra doc-trina e incluso puede tener otra sensibilidad. Algunos propo-nen e incluso defienden otras explicaciones o teorías contrarias a la fe cristiana. Tampoco faltan quienes tratan de justificar el mal moral o acusan al catolicismo de introducir un concepto de pecado que traumatiza la psicología de los hombres.

Es claro que estas acusaciones carecen de fundamento. En réplica, la Iglesia podría presentar la vida de esos hombres y mujeres eximios —los santos— que se presentan ante la his-toria como prototipos de existencia humana. Además, ante cualquier teoría o pretensión de justificar el mal, se levanta inexorablemente la Revelación de Dios, tal como consta por la Biblia.

Finalmente, a pesar de esas doctrinas equivocadas y de la mala prensa de que goza el tema del pecado en amplios sectores de nuestra cultura, las mentes más lúcidas y los medios de comunicación no cesan de constatar la abundancia del mal moral que existe en amplios sectores de la sociedad actual, y todos, casi sin excepción, lo condenan y reclaman un estilo de vida que recupere algunos valores morales irrenunciables.

La postura del cristiano es clara. En primer lugar, aunque abunde el pecado, no puede renunciar a condenarlo. Pero, al mismo tiempo, siguiendo el ejemplo de Jesucristo, no cesa de ofrecer el perdón puesto que su misión salvadora fue acoger al hombre y perdonarlo. Y como Jesús se expresó en el Evangelio: «El Hijo del hombre vino a buscar y salvar lo que estaba perdido» *(Lc* 19, 10).

Es de admirar esta disposición tan generosa de Dios al perdón de los pecados del hombre. La razón última es el amor de Dios: en el perdón manifiesta Dios su mismo ser que san Juan define como amor *(1 Jn* 4,8.16). Esa causalidad del amor la describió bellamente Benedicto XVI en estos términos:

> «El *eros* de Dios para con el hombre es a la vez *ágape*. No solo porque se da del todo gratuitamente, sin ningún mérito anterior, sino también porque es amor que perdona [...]. El amor apasionado de Dios por su pueblo, por el hombre, es a la vez un amor que perdona. Un amor tan grande que pone a Dios contra sí mismo, su amor contra su justicia. El cristiano ve perfilarse ya en esto, veladamente, el misterio de la Cruz: Dios ama tanto al hombre que, haciéndose hombre él mismo, lo acompaña incluso en la muerte y, de este modo, reconcilia la justicia y el amor» *(DC,* 10).

BIBLIOGRAFÍA

a) Documentación del Magisterio:

— Catecismo de la Iglesia Católica, nn. 1716-1986.
— Juan Pablo II, Encíclica *Reconciliatio et paenitentia* (1984).
— Juan Pablo II, Encíclica *Veritatis splendor* (1993).

b) Manuales y libros:

— C. CAFFARRA, *Vida en Cristo*, Eunsa, Pamplona 1988.
— E. CÓFRECES - R. GARCÍA DE HARO, *Teología Moral Fundamental*. Eunsa. Pamplona 1998.
— A. FERNÁNDEZ, *Teología Moral*, Vol. I, Aldecoa, Burgos 2006.
— A. FERNÁNDEZ, *Compendio de Teología Moral*, Palabra, Madrid 2000, 19-126.
— R. GARCÍA DE HARO, *Cristo, fundamento de la moral*, Eunsa, Pamplona 1990.
— R. GARCÍA DE HARO, *La vida cristiana*, Eunsa, Pamplona 1992, 582-689.

— L. Melina - I. Noriega - J. J. Pérez Soba, *Caminar a los del amor. Los fundamentos de la moral cristiana*. Palabra. Madrid 2007.

— S. Pinckaers, *El Evangelio y la moral*, Eunsa, Pamplona 1992, 15-103.

— S. Pinckaers, *Para leer la Veritatis Splendor*, Rialp, Madrid 1996.

— M. Rhonheimer, *La perspectiva de la moral*, Rialp, Madrid 2000.

— A. Rodríguez Luño, *Ética general*, Eunsa, Pamplona 1991.

— AA. VV., *Comentarios a la «Veritatis splendor»*, BAC, Madrid 1994.

ÍNDICE

Monografías

Para leer la «Veritatis Splendor»
Servais-Th. Pinckaers

Espiritualidad y sacerdocio
José Luis Illanes

La Confesión Sacramental (2.ª edición)
Raimondo Marchioro

Para leer la «Fides et Ratio»
Tomás Melendo

Historia del Confesonario
Arturo Blanco

La moral católica
Servais-Th. Pinckaers

Conocer a Dios. I. La fe compartida (2.ª edición)
Jesús Ortiz López

Conocerse y comprenderse (3.ª edición)
Jutta Burggraf

Teología Trinitaria. Dios Padre
Lucas F. Mateo Seco

Conocer a Dios. II. La fe celebrada
Jesús Ortiz López

Teología Trinitaria. Dios Espíritu Santo
Lucas F. Mateo Seco

Conocer a Dios. III. La fe vivida
Jesús Ortiz López

Dejarse amar por Dios
Hernán Fitte

La Biblia, encuentro con Dios
Antonio García-Moreno

Cristo, esperanza del mundo
José Luis Illanes